Georg Schäfer

Mythen

Mit der geheimnisvollen Energie rechnen

© 2006 Georg E. Schäfer

Herstellung und Verlag: Books on Demand GmbH, Norderstedt

ISBN-13: 978-3-8370-3073-0

Bibliografische Information der Deutschen Nationalbibliothek
Die Deutsche Nationalbibliothek verzeichnet diese Publikation in der
Deutschen Nationalbibliografie; detaillierte bibliografische Daten sind im
Internet über http://dnb.d-nb.de abrufbar.

Der Autor ist erreichbar unter: georg-ernst.schaefer @ web.de

Mythen

Mit der geheimnisvollen Energie rechnen

Inhalt

Wieso ein Buch über Mythen..6

Wie lässt sich das Phänomen Mythen begreifen 9

Wieso Widerspruch antreibt.......................................11

Wieso uns Mythen morgens aus dem Bett treiben......15

Wie Mythen erscheinen...18

Wie die Wirtschaft Mythen nutzt 32

Wie Parteien und Politik mentale Denkmuster einsetzen
....34

Wo ohne mentale Eindrücke argumentiert wird..........41

Wie Mythen in anderen Sprachen begriffen werden....43

Was historisch über Mythen gedacht wurde..............47

Wie man zu Zeiten der Globalisierung denken muss..49

Nach welchen Gesetzen wir rechnen können 56

Der Hauptsatz der Mythologie....................................64

Was Instantiierung bewirkt 69

Wie Bewusstsein und Persönlichkeit aussehen 71

Wie Inhalte strukturiert werden 76

Wofür der Mythenkern nutzbar ist.............................82

Wie Mythen-Engineering aussieht 86

Was Schülern bei der Projektpräsentation hilft..........96

Wie Mythen-Engineering im Vertrieb hilft.................100

Wie Verhandlungen designed werden 105

Wie Meinungsforscher Mythen bilanzieren können ..107

Zu guter Letzt 112

Über den Autor 113

Stichwortregister..114

Wieso ein Buch über Mythen

Ein geschulter Blick auf unsere Mythen erklärt vieles. Wieso wir widersprüchliche persönliche Ziele verfolgen, warum wir monatelang zäh durchhalten, wieso wir noch einmal versuchen, einen schwierigen Auftrag zu erfüllen, besser zu verhandeln oder überzeugender zu argumentieren – das alles ist auf Mythen und ihr vernetztes Wirken zurückzuführen. Dazu muss der Begriff allerdings in den ersten Kapiteln geklärt werden, da er hier verallgemeinert genutzt wird.

Mit Mythen werden Mehrheiten gewonnen und Niederlagen herbeigeführt. Auch wenn wir von unserem Haus in der Toskana träumen, aber morgens um 6 Uhr am Flughafen auf den Flieger zur Besprechung ins regnerische London starten, steuern uns Mythen. Um andere zu überzeugen, nutzt jeder „aus dem Bauch heraus" mentale Muster, die von Mythen abgeleitet sind. Dies geschieht fast immer, ohne dass uns Macht und Wirkung unserer Mythen bewusst werden. Mythen bilden eine faszinierende Kraft. Wer sie erkennt und systematisch zu nutzen weiß, gewinnt an Gestaltungsspielraum für jeden Tag, jedes Gespräch und jede Begegnung.

Warum steht der Eine morgens auf, und der andere kommt zu jedem Termin und jeder Arbeit zu spät? Es sind die individuell unterschiedlichen mentalen Muster, die letztlich auf Mythen zurückgehen. Das ist die atomare Energie unseres Denkens. Dieses Buch zeigt, wie wir sie analysieren und für eigene Architekturen von Mythen einsetzen können.

Solche Ziele kann nur erreichen, wer die überall verbreiteten Widersprüche begrifflich und rechnerisch in den Griff bekommt: Am Arbeitsplatz,
beim Kauf, im Privatleben. Marken, etwa die Rolex am Arm, und deren
mystische Verklärung bestimmen unser Bewusstsein. Widersprüche
bestimmen unsere Lebensphasen, die wir so ersehnen wie beruflichen
Aufstieg, und aus denen wir uns später verabschieden, wie aus einem
missglückten finanziellen Engagement. Dennoch bleiben wir uns doch
„irgendwie" treu. Was wirkt hier wie?

„Reslience[1]" soll in der neuen flexiblen Arbeitswelt eine unserer wesentlichen Fähigkeiten sein, obgleich wir nicht an Burn-Out krank werden
dürfen. Wie soll das gehen? Nur wenn wir unsere Denkmuster und die
Energie, die davon gespeist wird, erkennen, wird uns ein „Balanced Lifestyle" gelingen.

Aus der erst kürzlich veröffentlichten Theorie der Spiegelneuronen
"wissen wir, dass man unser intuitives Steuerungssystem dadurch in die
Irre führen und täuschen kann, indem man ihm Zeichen (besser gesagt:
Mythen oder wichtige Fragmente davon) präsentiert, die einen anderen
Ausgang erwarten lassen als den, der sich tatsächlich einstellt[2]. Wem
das zu abstrakt ist, der muss sich vorstellen, er würde jetzt endlich das
Auto kaufen, das er sich seit Jahren wünscht, aber (bislang noch) nicht
leisten konnte. Sobald er dieses Auto besitzen würde und ein paar Mona-

---

[1] Resilience beschreibt die Fähigkeit eines Menschen, auf eine veränder-
te Situation umgehend zu reagieren, auch wenn er in dieser Situation
erhebliche Verluste (etwa seinen Arbeitsplatz) erleidet.
[2] Joachim Bauer, Warum ich fühle, was du fühlst, Intuitive Kommunikation und das Geheimnis der Spiegelneurone, Hoffmann und Campe, 2006,
S. 146f

te gefahren hätte, würde er ein neues Begehren spüren: Das seiner gefühlten Einschätzung nach „nächst höhere" Auto erfüllt dann seine Träume. Ein zusätzliches Cabrio oder ein Geländewagen schieben sich in seine Gedanken und beginnen zu herrschen. Die erstrebte Zufriedenheit ist also wieder nicht eingetreten. Solches gilt gleichermaßen für Wohnungen, „den Job", Reisen, Kleider, Handys und so weiter. Bei manchen gilt dies sogar für ihre Lebenspartner, ihren Freundeskreis und ihren Lebensstil.

Wie baut man Mythen? Was genau sind überhaupt Mythen und wie wirken sie? Diesen Fragen gehen wir in diesem Buch nach. Am Anfang steht das Phänomen der Mythen. Wir versuchen sie anschließend formal zu begreifen. Dann - endlich – gehen wir zum Inhalt, der mit Mythen transportiert wird, und kommen zu dem Punkt, wo wir selbst Mythen für unsere Zwecke konzipieren und inszenieren.

Wie lässt sich das Phänomen Mythen begreifen

Die Begriffe „Mythos" und „Mythen" werden in mehreren unterschiedlichen Bedeutungen genutzt. Wenn einer eine völlig unglaubliche Geschichte erzählt, sagt man kurz „Das halte ich für einen Mythos.", also für eine Übertreibung oder Lüge. Andererseits, im Freundeskreis, sagt man „Karl kann wahnsinnig viel trinken und immer noch Auto fahren.", „Kahn hält jeden Ball." oder „Unser Chef holt jeden Auftrag rein.". Letzteres sind die Denkmuster, die wir nachfolgend als Mythen untersuchen, auch wenn sie in mancher Form einfacher Natur sind.

Schriftsteller, Wirtschaftsführer, Politiker und etwa Filmemacher können natürlich besonders gut mit unseren mentalen Objekten umgehen. Sie konstruieren „eine Braut, die sich nicht traut[3]", einen Volkswagen, der lebt, und einen Cowboy, der schneller schießt als sein Schatten[4]. Wir sehen diese Geschichten und Filme an, amüsieren uns und die Realitätsferne nehmen wir nicht wirklich wahr, geschweige denn, dass uns das Irreale daran stören würde.

Wir kaufen Zeitungen, die uns sagen „Bist du schön!"[5] und „Ein Make-up, das die Zeit einfach zurückdreht."[6] Winzer werben mit dem Spruch „Füh-

---

[3] Ein Film mit Julia Roberts heißt in der deutschen Fassung „Die Braut, die sich nicht traut."
[4] Comics über Lucky Luke.
[5] Titelblatt "Brigitte" vom 18.12.2007

len Sie sich wie der Besitzer von einem mächtigen Château. Für den Preis einer einzigen Flasche."[7] Offenbar verschwimmt unser Realitätsbewusstsein mit unseren im Geist aufgenommenen Mythen. Logische Widersprüche erscheinen uns als Einklang, überhöhte Versprechungen würden wir im Zweifelsfall erst einmal verteidigen, wenn sie unserer Persönlichkeit entsprechen, bevor wir sie verblüfft als Manipulation wahrnehmen.

Der Begriff des Mythos, den wir hier in einem ersten Schritt sehr distanziert untersuchen, geht über die einfachen Suggestionen hinaus. Wir kommen gleich dazu.

Wir betreten hier mutig ein Land, das für manche Vertreter der reinen und mathematischen Logik gar nicht existiert. „Die Tatsachen im logischen Raum sind die Welt.[8]" Ob wir es immer so klar mit Tatsachen zu tun haben werden?

---

[6] Reklame auf S. 63 der Zeitschrift „Brigitte" vom 18.12.2007
[7] Zeitschrift „Meine Familie und ich", Oktober 2007, S. 31
[8] Ludwig Wittgenstein, Tractatus logico-philosophicus, Suhrkamp Verlag, 1980

Wieso Widerspruch antreibt

Wer verleugnen wollte, dass sein Leben mehr aus Widerspruch als rationalem Handeln und Denken besteht, würde sich etwas vormachen. Von Kind auf und bis zum Ableben sind wir hin und her gerissen zwischen Liebe und Abneigung, wenn nicht gar Hass, Geduld und Ungeduld, Geldgier und Verachtung von materiellem Wohlstand. Gerade dies ist Grundlage von Kunst, Spannung in Bildern, Architektur und Literatur.

Dieser Widerspruch ist notwendig. Beispielsweise könnten wir sonst nicht rasch und flexibel reagieren. Jedes Lebewesen benötigt dies. Das Gnu, das gerade in der Savanne genüsslich an der Quelle seinen Durst stillt, muss sofort auf Kampf umschalten, wenn sich eine Raubkatze nähert. Wenn wir in einer Besprechung unseren Widersacher endlich klein bekommen haben, er sich zurückzieht und wieder Kräfte sammelt, müssen wir sofort vom Kampf auf Versöhnung umschalten, damit es zu keinem Solidarisierungseffekt der anderen mit dem Verlierer kommt und wir dadurch letztlich doch verlieren würden.

Wie will man dies erfassen und wie damit umgehen? Unsere Werkzeuge dafür sind auf den ersten Blick denkbar schlecht geeignet:

Die mathematische Logik (sei sie auch angewandt von Juristen, Physikern oder Betriebswirtschaftlern) ist das einzige uns verfügbare Instrument, um Ordnung in unseren Gedanken zu schaffen. Eine Logik des

Widerspruchs anstelle der Logik des mathematischen Kalküls und Folgerns existiert nicht.

Die Mathematik lehrt, dass wir außer der zweiwertigen Logik mit den beiden Wahrheitswerten „wahr" und „falsch", die wir Aussagen beliebiger Art zuordnen können, nichts kennen. Klar, man kann daraus phänomenale Theorien wie die Integralrechnung, Wahrscheinlichkeitsrechnung, Topologie usw. ableiten. Dennoch: Die Grundmuster sind einfach.

Ähnlich trist sieht es in der Informatik aus: Als Datenstrukturen können wir Listen, Indexierte Listen, Bäume und Netze erkennen. Das war es dann auch schon, auch wenn Informatiker etwa mit Objektorientierung daraus immense Datenbanken und hoch integrierte Systeme realisieren.

Wie sollen so These und Antithese, die wir manchmal gleichzeitig herbeisehnen, abgebildet werden, um auch mit diesem Aspekt unseres Lebens „rational" umzugehen? Oder sollen wir dieser Welt der strengen Disziplin, in die uns mathematisch formale Notationen pressen, entfliehen? Sollen wir ausbrechen? Wollen wir uns gehen lassen, eintauchen in die Welt der Gefühle, richtig stolz und glücklich sein, lauthals loslachen ohne zu denken, ob dies gerechtfertigt ist oder ob wir einem Trugbild aufsitzen? Wollen wir zurück zu dem seligen Zustand der Kindheit, zu der Zeit, als uns noch niemand gesagt hat, wie wir Gedanken aufeinander aufbauen, wie wir Sachverhalte streng analytisch darstellen und zwingende Argumentationen durchführen?

Wenn wir nach einem Viertel Jahrhundert Ausbildung in unserem Verantwortungsbereich den Zustand des disziplinierten Räsonierens erreicht haben, acht bis zwölf Stunden am Tag damit verbringen, Gerichtsprozesse gewinnen, Verträge nach zähen Verhandlungen in unverrückbare Worte fassen und diese in zehn oder mehr Ordnern dokumentieren, Maschinen ohne Verschleiß und Autos mit immer weniger Kraftstoffverbrauch bauen, stellen wir fest, dass uns vieles entgleitet. Unser Kopf ist zwar riesig, aber zu klein, um die Wünsche und das Wissen über alles aufzunehmen.

Burn-out, Lebensabschnitte, Neuanfänge beginnen und gerade das Gegenteil dessen tun, was wir jahrelang angestrebt haben, zieht uns offenbar an und gibt uns neue Kraft. Lebenserfahrung nennt man das oft. Bei der heutigen Lebenserwartung kommt da einiges zusammen. Man gießt dies dann in Lebensweisheiten wie „Ruhen Sie sich aus, ehe Sie müde werden. (Dale Carnegie)"[9] oder „Wahre Dinge sind wie umgekehrt. (Lao Tse)"[10].

Der Umgang mit dem Widerspruch, dem jeweils individuell selbst gelebten, ist für jeden so wichtig wie etwa zu verstehen, was Hypotheken sind und wie man mit Scheinwelten, etwa der Rhetorik oder Werbung, umgeht.

Den Widerspruch als mathematisches Phänomen zu erfassen, führt uns allerdings nicht weiter. Zum einen, weil wir – leider – nur mit zweiwertig logischen Konstrukten mit den Wahrheitswerten „wahr" und „falsch" ver-

---

[9] Dale Carnegie, Sorge dich nicht – lebe!, Scherz-Verlag, 58. Auflage 1992, S. 281
[10] Lao Tse, Tao Te King, Das Buch vom Sinn und Leben, Eugen Diederichs Verlag, 1957

lässlich umgehen können[11]. Zum zweiten, weil der Umgang mit dem Widerspruch uns leer und gefühllos zurück lässt. Der Widerspruch als Phänomen ist uns gleichgültig. Nur bestimmte Widersprüche, nämlich die mit eigener Betroffenheit, sprechen uns an. Wenn wir selbst uns entscheiden wollen oder müssen, egal wie wir in diese Zwangslage gekommen sind, müssen wir Instrumente finden, die uns weiter helfen. Der Blick hinter den Widerspruch ist also notwendig: Die Anhaltspunkte und Puzzle-Steine in uns, die uns entweder im Burn-out auslaugen oder wie etwa bei einem Sich-Verlieben aus dem Nichts heraus mit neuer mächtiger Energie in neuem Gewand versorgen, wollen erkannt sein, um mit ihnen neue Lebenspläne zu verwirklichen. Der Widerspruch an sich ist es also nicht, sondern der spezielle individuell gelebte Widerspruch ist interessant.

---

[11] Vgl. etwa Wilhelm Kamlah, Paul Lorenzen, Logische Propädeutik, Bibliographisches Institut Mannheim, 1967

Wieso uns Mythen morgens aus dem Bett treiben

Der Blick hinter die Kulissen unser aller Leben kann Schrecken einflößen: Neben Kitsch aller Art, Gefühlskonserven und Pathos, Utopien, Gewaltphantasien aber auch Glücksgefühlen - mit von uns selten uns selbst eingestandenen Ursachen - kommen Dinge wie , Gier, Angst und Ruhe, Ausgeglichenheit und Balance ans Tageslicht.

Wenn nachfolgend mit einer gewissen Distanz die Kernbereiche unserer Motivation und unserer mentalen Kräfte analysiert werden, darf dies auf keinen Fall als Wertung der jeweils beispielhaft angesprochenen mentalen Muster verstanden werden. Jeder von uns hat solche Muster und von fast jedem Muster, das einer von uns hat, wird es jemanden auf der Welt geben, der gerade dieses Muster verabscheut oder lächerlich findet. Ziel der Überlegungen ist nicht, Kulturen abzugrenzen, sondern ihre unbändige Kraft zu erkennen. Das ist die Voraussetzung dafür, dass wir diese Kräfte so nützlich anwenden können wie Strom- und Wasserkraft, auch dass wir sie so kanalisieren können wie diese ebenfalls unbändigen natürlichen Energien.

Wagen wir also einen Blick auf das, was etwa die Filmindustrie und die Schriftsteller perfekt inszenieren können: Mord, Glück, Betrug, Gier, Wahn, Korruption, Macht. Diese und viele weitere auch bewertende Begriffe sind sortiert und abgegrenzt, von Literatur, Religion, Theologie und Philosophie.

Wir kennen weiter auch die Begriffe der Erleuchtung, der Offenbarung, die Wachheit und das Geheimnisvolle. Diese Begriffe beschreiben Phänomene, hinter denen Wirkungszusammenhänge bestehen. Und genau diese Wirkungen sind es, die unseren Geist immer wieder neu ernähren, so wie auch der Körper immer wieder neue Nahrung benötigt. Der Begriff „Mord" allein, lässt in uns wenig Regung aufkommen. Ergänzt um den Begriff „heimtückisch" wird die Sache schon interessanter. Und wiederum erweitert um „Heimtückischer Mord an einer jungen und hübschen Studentin" lässt in uns schon Glocken klingen und uns eine Geschichte ausdenken.

Geschichten? Geschichten lieben wir alle, sie wecken uns auf und fokussieren unsere Gedanken. Doch: Geschichten wären dynamisch, mit einem zeitlichen Ablauf versehen. Das ist bei Mythen nicht zwingend nötig. Der obige Satz ist ein statischer Satz, der ein konstantes mentales Muster in uns erzeugt und wirken lässt. Man könnte sagen: ein mentales Atom. Es wühlt und lebt in uns, es motiviert und aktiviert. Vorerst wirkt es ziellos, weil es statisch ist. Dynamik kann es durch einen Lebenszusammenhang erhalten, in dem wir zu dem genannten Satz eine Assoziation aus dem Umfeld, in dem wir ihn hören oder lesen, hinzukommt. So kann seine Wirkung verstärkt, reduziert, in friedliche oder gewaltvolle Richtungen gelenkt werden.

Fazit: Weil uns morgens (mit oder ohne Wecker) der Gedanke aufscheucht, heute den großen Verkaufsabschluss zu tätigen, heute endlich die kniffelige Mathe-Aufgabe zu schaffen, heute beim Vormittagskaffee nochmals die neue Kollegin mit dem kurzen Rock zu sehen, heute bei der Boutique am Karlsplatz endlich die Bluse zu bekommen, die wir in Wien kürzlich im Vorbeigehen so schick fanden, deshalb werden wir aktiv. Und diese Aktivität hat eine Kraft, die uns schlicht rausreißt, ohne dass wir dies letztlich verhindern können. Mythen treiben uns an, sie wecken Hoffnungen und sie aktivieren uns so, dass wir morgens bis zum Zähneputzen vergessen haben, wie todmüde wir immer noch sind. Mythen sind also Energiequanten, ja nichts als kompaktifizierte immaterielle Energie.

Das mentale Atom „Heimtückischer Mord an einer jungen und hübschen Studentin" kann in mancher Hinsicht mit dem Atom der Physik verglichen werden: Atomkern dürfte der „Mord" sein, um den „Heimtücke", „junge Studentin" als mentale Elektronen kreisen, die mit anderen Atomen eine Verbindung eingehen wollen zu etwas Höherem, einer Art Molekül, und dabei mentale Energie freisetzen. Der Vergleich ist nett, darf aber nicht überbewertet werden, und soll uns nicht jetzt schon als Modell für die Analyse dienen.

Wie Mythen erscheinen

Wirkungszusammenhänge, die man nicht kennt und die man untersuchen will, sollte man so wie in den Naturwissenschaften üblich, dort untersuchen, wo sie möglichst klar und fassbar erscheinen. Wenn wir über mentale Objekte, die uns täglich Energie geben, nachdenken, bieten sich einige Möglichkeiten: Die Untersuchung von speziellen Krankheiten, wie es Sigmund Freud machte, allerdings mit der Gefahr vieles einseitig zu sehen, wäre ein Weg. Die Entwicklung kindlicher Mythen zu verfolgen, wäre ein anderer Weg. Doch wieso nicht gleich auf das Ziel zusteuern? Das führt zu dem Gedanken, sorgfältig ausformulierte Beispiele für Mythen aus Religion, Literatur, Werbung und Politik zu studieren.

Als erstes Beispiel sei die **Weihnachtsgeschichte** von Lukas gewählt:[12]

Es war in Bethlehem,
als für sie die Zeit der Niederkunft kam
und sie ihren ersten Sohn gebar:
Sie wickelte ihn in Windeln
Und legte ihn in eine Krippe im Stall,
denn im Haus war keine Bleibe für sie.

In der Nähe aber waren in dieser Nacht Hirten auf dem Feld
und hielten Wache bei ihren Herden.
Da stand auf einmal ein Engel des Herrn neben ihnen,
Gottes Glanz umleuchtete sie,
und die Hirten ängstigten sich sehr.
Aber der Engel sagte zu Ihnen:
„Habt keine Furcht!

---

[12] Karl-Josef Kuschel, Weihnachten der Dichter, Patmos Verlag Düsseldorf, 2004

Seht, ich verkündige euch,

.....

Und dies ist ein Zeichen für euch:

Das Kind! ....

Da standen neben dem Engel die Scharen des himmlischen Heers;

.... „

Alles beginnt mit einer (hier stark verkürzt abgedruckten) Geschichte, der Volkszählung, Schwangerschaft und Quartiersuche. Das alles ist eine Erzählung, die wir als Erzählung gerne hören und die insoweit als gedankliches Objekt uns positiv einnimmt, weil nur bekannte Vorgänge vorkommen. Gewisse Inhalte, die über die reine Sachverhaltsdarstellung in der Geschichte hinausgehen, entstehen:

> *„Und legte ihn in eine Krippe im Stall,*
>
> *denn im Haus war keine Bleibe für sie."*

In diesen beiden Zeilen, die natürlich eine reine Tatsachenbeschreibung sein könnten, entsteht durch die Ungewöhnlichkeit der Situation *„Und legte ihn in eine Krippe im Stall"* bereits der erste Mythos. In den Predigten zum Weihnachtsfest wird in der Tat dieser Sachverhalt interpretiert als Zeichen der Demut, der Verbundenheit mit den Armen und Bedürftigen, als Zeichen wie Gott sich erniedrigt und seinen Sohn in diesem ärmlichen Milieu zur Welt kommen lässt. Diesen zusätzlichen, über die Sachverhaltsdarstellung hinausgehenden Inhalten wollen wir uns hier zuwenden. Das sind die Denkmuster, gedanklichen Objekte, Fragmente von Mythen und – wenn sie inhaltlich bedeutender werden und in unserem Denken einen beherrschenden Raum einnehmen können – Mythen.

Der Text fährt fort:

> *In der Nähe aber waren in dieser Nacht Hirten auf dem Feld*
>
> *und hielten Wache bei ihren Herden.*

Auch dies könnte man als reine Sachverhaltsdarstellung begreifen. Wer dies macht, läge sicher auch nicht falsch. Genauso sicher ist auch, dass Christen diesem Satz eine Bedeutung geben, die über die reine Sachverhaltsdarstellung hinausgeht. Es waren eben Hirten, die Ärmsten in der Gesellschaft. Das Bild ist zudem übertragbar: Auch Gott ist ein Hirte und er behütet die Menschen. Die weiteren Interpretationen brauchen hier nicht erörtert zu werden. Wir sind alle damit aufgewachsen und kennen sie.

Uns interessiert hier die Mythen-Architektur: In der Geschichte kommen nach der Sachverhaltsschilderung eindeutige und richtig schwerwiegende Mythen, die sich im weiteren Verlauf fast ekstatisch steigern:

- Ein Engel kommt.
- Der Engel spricht nicht nur, sondern verkündet.
- Die „Scharen des himmlischen Heers" stimmen mit ein.

Die christliche Weihnachtsgeschichte bietet in der Folgebetrachtung mit Jesu Leben noch erheblich mehr Mythologisches: Das unschuldige neugeborene Kind und die Verkündung seiner Geburt an den römischen Statthalter wird Anlass für den Befehl, alle Knaben im Alter bis zwei Jahren in der Umgebung von Bethlehem zu töten. So beginnt das Leben desjenigen, der als „Friedensfürst" - nachdem er allerhand gepredigt und mancherlei Wunder vollbracht hat – letztlich ans Kreuz geschlagen wird. Danach steigt er auf in den Himmel.

Von großer Distanz aus gesehen haben wir hier eine Mischung von tatsachenähnlichen Schilderungen, von geheimnisvollen oder mythischen Begebenheiten, von Widersprüchen (etwa Friedensfürst, der bei seiner

Geburt eine Welle von Morden verursachte) und herrlichen unvergesslichen Formulierungen. Den Zauber der Formulierungen kann man etwa an dem Auszug „*Habt keine Furcht! Seht, ich verkündige euch ...*" erkennen.

Nochmals und zur Erinnerung: Uns interessiert hier nicht die Bewertung dieser Geschichte. Ob der Leser die Weihnachts- und Jesusgeschichten glaubt, ist hier nebensächlich. Die Wirkungsglieder dieser komplexen, von Fakten, Mythen, Erleuchtungen und Offenbarungen und unter anderem Bildern durchwobenen Geschichte sind interessant.

Dazu muss zuerst einmal lapidar festgestellt werden, dass die Weihnachtsgeschichte unseren Geist noch viel mehr als das bloße Satzfragment „Heimtückischer Mord an einer jungen und hübschen Studentin" gefangen hält und beschäftigt. Diese Geschichte ist dynamisch, also „radikaler" im Sinne der gesuchten Wirkungskette als das oben als atomar und statisch charakterisierte Satzfragment „Heimtückischer Mord an einer jungen und hübschen Studentin". Kein Wunder, dass damit eine Grundlage geschaffen ist für eine Vielzahl von Predigten, Gleichnissen und – in der Wirkungskette gesehen – religiösen Rahmenvorstellungen von Millionen Menschen.

Die Jesus- und Weihnachtsgeschichten sind eine Verdichtung der geistigen Energie, die Menschen zu großen Taten, zu Entbehrungen und zu enormen Leistungen motiviert hat und weiter motiviert. Natürlich stehen diesen christlichen Geschichten andere nicht nach: Die Erfahrungen Buddhas, die Geschichten des alten Testaments und vieler anderer Religionen und Weltanschauungen.

Filmemachern und Autoren stehen solche Geschichten vor Augen, wenn sie selbst tätig werden. Denkt man **Goethes „Faust" "** mit dem kindlich-arglosen Gretchen,,, dem hoch-studierten Professor Faust und dem hinterhältigen Mephisto, dann stellt man fest: Das ist, was die Architektur der Mythen und mentalen Objekte anbelangt, gelungen.

Faust: [13]
Mein schönes Fräulein, darf ich wagen,
Meinen Arm und Geleit Ihr anzutragen.

Margarete:
Bin weder Fräulein, weder schön,
Kann ungeleitet nach Hause gehn.
...
Faust:
Beim Himmel, dieses Kind ist schön!
So etwas hab ich nie gesehn.
Sie ist so sitt- und tugendreich
Und etwas schnippisch doch zugleich.

....
<zu Mephistopheles>
Hör, du musst mir die Dirne schaffen!
....
Mephistopheles:
Da die? Sie kam von ihrem Pfaffen,
Der sprach sie aller Sünden frei;
Ich schlich mich hart am Stuhl vorbei.
Es ist ein gar unschuldig Ding,
Das eben für nichts zur Beichte ging;
Über die hab ich keine Gewalt.

Faust:
Ist über vierzehn Jahr doch alt.
...

---

[13] Goethe, Faust - Erster Teil, Strasse

Man findet auch hier wieder den Anfang über eine Geschichte: Faust begegnet Margarete und spricht sie an. Wobei schon im ersten Satz die Stimmung geschaffen wird für den Mythos „von der schönen Jungfrau". Die Antwort von Margarete suggeriert demgegenüber spannungsvoll das mentale Bild „des kurz angebundenen und bodenständigen Mädchens". Beides zusammen assoziiert – zumindest jeder Mann – mit dem übergeordneten und aus den beiden genannten Mythen zusammengesetzten Mythos „geiler und raffinierter Alter bricht den Widerstand des hübschen jungen Mädchens". Mehr Spannung ist wohl in dieser Dichte kaum möglich und im Übrigen gelungen durch die perfekte Beherrschung der Sprache.

Mit

Beim Himmel, dieses Kind ist schön!
So etwas hab ich nie gesehn.

beginnt eindeutig die Architektur der mythologischen Verklärung in dieser Szene. Das erkennt man aus der Wortwahl „Himmel" und der – als objektiver Sachverhalt unglaublichen, als Beschreibung eines Verliebt-Seins natürlich glaubhaften - Charakterisierung durch *„So etwas hab ich nie gesehn."*.

Die beiden Zeilen ergänzen einander und steigern wechselseitig ihre Wirkung:

(A) Beim Himmel, dieses Kind ist schön!
(B) So etwas hab ich nie gesehn.

Fazit für unsere Beobachtung: Zwei mentale Objekte A und B können zu einem übergeordneten mentalen Objekt C verbunden werden. Ob die Wirkung dabei immer so wie bei Goethes Straßenszene gesteigert wird, sollte nicht von vornherein angenommen werden. Das hängt sicher von der Fähigkeit des „Mythen-Architekten" ab.

Nicht weniger gut hat **Thomas Mann** an seinem Werk „**Die Budden-brooks"** gearbeitet. Karl-Josef Kuschel zeigt dies einprägsam am Beispiel der Weihnachtsszene[14], bei der die mentalen Objekte anhand von Gegenständen assoziiert werden. Beispiele sind die „kolossale Bibel", die aufmarschierten „Hausarmen", die scheu und verlegen auf dem Flur warten, und die aufgebotenen Chorknaben. Schritt für Schritt baut Thomas Mann mit kleinen Mythen-Fragmenten ein großes Szenario des heilen großbürgerlichen Weihnachtsfests auf, das er mit ebenso kleinen Mythenfragmenten (etwa: die Chorknaben treiben allerhand Allotria, Bruder Christian erzählt beim feierlichen Weihnachtsessen von einem weihnachtlichen Herrenbesäufnis mit schwedischem Punsch) auch wieder verfremdet, einerseits natürlich um nicht kitschig zu werden und andererseits vor allem, um sein Ziel umzusetzen, den Verfall der Gesellschaft zu beschreiben.

Reisebeschreibungen und die Berichte über fremde Kulturen sind seit je, so wie heute immer noch die meisten Zeitungs- und Fernsehberichte, eine Fundgrube für Mythen aller Art. Um wieder die gewünschte Distanz zu bekommen und einer Bewertung vorzubeugen sei nachfolgend ein Bericht von Herodot, dem ersten Reiseschriftsteller der Welt,

---

[14] Karl-Josef Kuschel, Weihnachten der Dichter, Patmos Verlag Düsseldorf, 2004

und Kapuscinksi[15] aufgeführt. Die einzelnen Mythen und mentalen Muster, die hier verwendet werden, sind gerahmt und jeweils mit einem bestimmten Hintergrund unterlegt. Man findet sie schnell heraus, wenn man sich fragt, ob die Darstellung als Sachverhaltsdarstellung überhaupt glaubhaft sein kann, oder ob hier nicht durch Auslassung oder Übersteigerung eine Transformation des Sachverhalts ins Übersinnliche und Symbolische vorgenommen wurde. Diese Reisebeschreibung liest sich eher wie ein Märchen, bei dem eine grobe Aussage der nächsten folgt, nicht ohne dabei ein homogenes Gefühl zu vermitteln.

Als die Griechen Krieg mit den Amazonen führten ... und nach dem Siege am Thermodon "mit den gefangen genommenen Amazonen, wie es heißt, auf drei Schiffen wieder abfuhren, fielen jene auf See über die Männer her und brachten sie um[16]. Da sie aber keine Schiffe kannten und mit Steuern, Segeln und Rudern nicht umzugehen wussten[17], ließen sie sich, nachdem sie die Männer erschlagen, von Wind und Wellen treiben[18] und kamen nach Kremnoi am Maiolis-See.

---

[15] Aus Ryszard Kapuscinski, Meine Reisen mit Herodot, Piper, 2007, S. 344f

[16] Mit „wie es heißt" deutet Herodot selbst den Mythos an. Dass die gefangenen Frauen „über die Männer herfielen" und sie auch gleich alle „umbrachten" darf hinterfragt werden, wenn man daran denkt, dass die Männer sicher wussten, wie man Gefangene sichert, und es zudem mit den damaligen technischen Mitteln nicht einfach war, einen Menschen umzubringen.

[17] Die Amazonen haben sicher beobachtet, wie die Männer zuvor die Schiffe gesteuert hatten. So unfähig dürften sie nicht gewesen sein, einfache technische Sachverhalte zu begreifen, waren sie doch der Erzählung nach versierte Kämpferinnen.

[18] Sie ließen sich von Wind und Wellen treiben, als wären sie auf einem modernen All-Incusive-Urlaub. Sie dürften Hunger und Durst gehabt und

Kremnoi aber liegt im Land der freien Skythen. Hier gingen sie ans Land und durchstreiften die Umgegend. Die ersten besten Pferde aber, die ihnen vorkamen, nahmen sie weg, machten sich damit beritten[19] und plünderten das Land der Skythen[20].

Die Skythen wußten nicht, was sie daraus machen sollten. Sprache, Kleidung, der ganze Menschenschlag war ihnen unbekannt. Sie hielten sie aber alle für junge Männer und griffen sie an. Nach dem Treffen fielen ihnen jedoch einige Tote in die Hände, und nun sahen sie, dass es Weiber waren.

Sie beschlossen daher, die fremden Frauen nicht zu töten, sondern junge Skythen in einer Zahl, die jener der Amazonen entsprach, auszuschicken, damit sie in ihrer Nähe Lager aufschlugen. Das beschlossen die Skythen, weil sie gern Kinder von ihnen haben wollten.

... als einer [der Skythen-Jünglinge] einmal eine [Amazone] dabei allein traf und sie gebrauchen wollte, wehrte sie sich nicht, sondern ließ es sich gefallen. ... Am folgenden Tag begab er sich mit einem anderen wieder an die alte Stelle und traf hier seine Amazone, die dort mit einer zweiten schon auf ihn wartete. Als die anderen Jüng-

---

deshalb versucht haben, dem Treiben eine bestimmte Richtung zu geben.

[19] Auch hier wieder der erstaunliche Wechsel von der Unfähigkeit, ein Schiff zu steuern, zur Fähigkeit, wilde Pferde zuzureiten.

[20] Der Fortgang der Geschichte und die Langmut der Skyther zeigt, dass sie wohl nicht so, wie der Satz suggeriert, das ganze Land der Skythen plünderten. Eher haben sie ein oder zwei Bauernhöfe überfallen, um etwas zum Essen zu bekommen.

linge das merkten, mussten ihnen auch die übrigen Amazonen den Willen tun.

Phantastisch geht es hier zu und wie bei einem Märchen darf man an keiner Stelle versuchen, die geschilderten Szenen konkret auszumalen. Dass kriegerische Frauen, die von irgendwo her kommen, unfähig sind, ein Schiff zu rudern oder zu steuern, sich aber auf dem Meer zu ernähren wissen, sich rasch mit ein paar Pferden zur berittenen Schwadron aufbauen und das Land plündern können, wird einem kritischen Betrachter nicht in den Kopf gehen wollen. Es ist zumindest hierbei wohl auch nicht das Ziel von Herodot gewesen, historisch verbürgte und sauber recherchierte Sachverhalte zu schildern, sondern in das sonst vorherrschende Hin- und Her der Könige, Heerführer usw. auch mal andere Mythen als nur die von Helden und Herrschern zu berichten. Wie man weiß, war er mit dieser Schilderung insoweit auch sehr erfolgreich, denn Amazonen kennen auch diejenigen, die mit dem Namen Herodot nichts anfangen können.

Moderne Autoren stehen dem in keiner Weise nach. Das Musical Chicago[21] enthält eine Fülle von mentalen Objekten, die wir immer und immer wieder hören können und wollen. Die Jazzmusik verstärkt im Musical viele Effekte, von denen einer aus dem Lied „**We Both Reached for the Gun**" genauer analysiert werden soll. Es geht darum, dass die des Mordes an ihrem Liebhaber angeklagte Roxie Hart den Kampf um die Waffe den versammelten Pressevertretern erklären soll. Es spricht nicht sie

---

[21] Vgl. den mit vielen Oscars ausgezeichneten Film CHICAGO mit Catherine Zeta-Jones, Richard Gere und Renée Zellweger; 2003 Buena Vista Home Entertainment, Inc.

selbst, sondern ihr Anwalt Billy. Ausgekostet wird dabei der Effekt, der mit der längere Zeit in Anspruch nehmenden und wiederholt geschilderten (im Musical nicht den Tatsachen entsprechenden) Kampfszene entsteht:

…..
[BILLY (as Roxie)]
He came toward me.

[REPORTERS]
With the pistol?

[BILLY (as Roxie)]
From my bureau.

[REPORTERS]
Did you fight him?

[BILLY (as Roxie)]
Like a tiger.

[BILLY]
He had strength and she had none.

[BILLY (as Roxie)]
And yes we both reached for the gun
Oh yes, oh yes, oh yes we both
Oh yes we both
Oh yes, we both reached for
The gun, the gun, the gun, the gun
Oh yes, we both reached for the gun
For the gun.

[REPORTERS]
Oh yes, oh yes, oh yes they both
Oh yes, they both
Oh yes, they both reached for
The gun, the gun, the gun, the gun,
Oh yes, they both reached for the gun
for the gun.

[BILLY]
Understandable, understandable
Yes it's perfectly understandable
Comprehensible, Comprehensible
Not a bit reprehensible
It's so defensible

...

Ein neues Charakteristikum eines Mythos wird hier deutlich: Er soll sich, manchmal darf sich, nicht realisieren. Der Mythos verliert oft seine magische Wirkung auf den Empfänger, sobald er sich realisiert. Hier wird nur die hin- und herwogende Kampfesszene, bei der beide nach der Pistole greifen, geschildert, aber nicht das Ergebnis. Das wäre auch nicht schön: ein toter Mensch. „Man liebt zuletzt seine Begierde und nicht das Begehrte."[22]

Ein anderes Beispiel, dass sich ein Mythos nicht realisieren sollte, ist das Lottoglück. Solange man darauf fiebert, sich Kleinigkeiten leistet, die man ohne Hoffnung auf das große Glück eventuell gemieden hätte, ist alles gut. Doch viele der tatsächlichen Lottogewinner werden, das sagen uns die Statistik und viele Fallbeispiele, nicht glücklich. Das ist kein Wunder: Verhaltensmuster und die Mythen, die einen reichen Menschen motivieren, sind ganz andere, als die, die einen armen Menschen treiben. Der Wechsel ist nicht einfach, schon gar nicht auf Knopfdruck möglich. Deutlich ist zu bemerken, wie wir in einer realen Situation gar nicht klar unterscheiden (können), was Realität ist und was mythische Gedankenwelten sind.

---

[22] Zitat von Nietzsche lt. Norbert Bolz, Die Wirtschaft des Unsichtbaren, Econ, 1999

Kann das wahr sein? Müsste man nicht einen Vertreter einer reinen und abstrakten Wissenschaft fragen, ob es wirklich zwischen Rationalität und mentalen Energieobjekten und Mythen nur eine verschwommene Grenze gibt? Die Antwort wäre, dass nur denken kann, wenn wer auch die großen abstrakten Fragen einfühlsam angeht. Wer eine neue natur- oder geisteswissenschaftliche Theorie gründen will, muss sich ebenso wie derjenige, der eine gute Rede halten oder in Verhandlungen etwas erreichen will, in seine Sache hineinfühlen. Der mentale Prozess ist dabei grundsätzlich nicht anders, als wenn ein Angler einen Fisch konzentriert belauert, ein Mönch meditiert oder ein Unterhaltungskünstler voll im Publikum und seiner Animation aufgeht.

Wäre es nicht ein Wunder, wenn **Kriminalromane** ohne mentale Objekte auskommen würden? Sicher! Wir verwenden hier ein Beispiel aus „Der Hund von Baskerville" von Conan Doyle[23]:

> *„Was bedeutet das, Perkins?" fragte Mortimer.*
> *„Aus Princetown ist ein Sträfling ausgebrochen, Sir. Er ist seit drei Tagen flüchtig. Alle Straßen und alle Bahnhöfe werden bewacht, aber sie haben ihn noch nicht wieder gefasst. Den Bauern hier ist das gar nicht recht, Sir."*
> *„Ich denke doch, sie erhalten fünf Pfund, wenn sie einen Hinweis geben können."*
> *„Ja, Sir, aber die Aussicht, dass einem die Kehle durchgeschnitten wird, ist viel größer als die Chance, fünf Pfund zu kriegen. Es handelt sich nicht um einen gewöhnlichen Sträfling, sondern um einen, der vor nichts zurückschrecken würde."*
> *„Wer ist es denn?"*
> *„Selden, der Mörder von Notting Hill."*

---

[23] Sir Arthur Conan Doyle, Der Hund von Baskerville, Blüchert Verlag, Hamburg, 1961, S. 64

Das hier aufgebaute Bild des blutrünstigen, raffinierten und kaltblütigen Mörders, vor dem die gesamte Grafschaft zittert, wird natürlich im Folgenden abgelöst durch einen anderen Mythos: den des armen, verzweifelten Täters, der noch ein letztes Mal Schutz sucht.

Solche Szenen begleiten in Krimis den großen überragenden Mythos: der Detektiv / die Kommissarin / usw., die alle Fälle lösen. Und wie gerne lesen, hören und sehen wir diese mentalen Muster immer und immer wieder! Genauso gerne, wie unsere Kinder, denen wir abends Geschichten vorlesen. Wehe, wenn wir eine Lieblingsgeschichte einmal anders vorlesen, eine fremde Betonung einbringen oder sie abkürzen wollen. Das lassen die Kinder uns nicht durchgehen.

Erwachsene sind im Grunde nicht anders. Auch sie wollen ihre mentalen Muster, Objekte und Mythen immer und immer wieder konsumieren. Das ist ein Grund, wieso die Untersuchung dieser Muster so fasziniert.

Wie die Wirtschaft Mythen nutzt

Es gab einmal eine Zeit, als ein Autohersteller sagen konnte: Mein Auto kann man in jeder Farbe erhalten, solange man es in Schwarz will. Noch nicht ganz so lange ist es her, dass ein Staat sagen konnte: Für die Millionen Staatsangehörigen bei uns reichen wenige Sorten Schuhe. Diese Zeiten sind vorbei.

Heute orientieren wir uns an Marken. Der bloße Bedarf ist längst befriedigt. Eine subtile Konstruktion von Mythen, die von unserer Lebenssituation abhängig definiert wurden, bringt uns dazu, unser Ich über Marken nach außen erkennbar zu machen. Wir schmücken uns so mit einer Aura von mythischen Fähigkeiten, Leistungen und Eigenschaften, die in Wirklichkeit nichts mit uns zu tun haben. Der Programmierer von der Volksbank sonnt sich in seinem Mittelklassewagen der Premiummarke gedanklich mit dem Image als Bereichsleiter, Vorstand oder Finanzjongleur an den internationalen Märkten. Einbildung steuert sein Sein, die strenge Abgrenzung zur Realität muss nicht und kann nicht gelingen. Mythen haben keinen nachprüfbaren Wahrheitswert. In der Freundesrunde will auch keiner den wahren Gehalt eines Images prüfen, denn jeder produziert sich analog. Wer dies einmal praktisch erleben will, sollte zuhören, wie sich eine Rentnergruppe beim Ausflug im Bus oder Zug unterhält. Symbole und Etiketten für Marken und Mythen tauschen die Rentner aus und jeder hat mindestens einmal seine Firma gerettet.

Je nach Kontext und Zielgruppe verwendet die Werbung unterschiedliche Mythen. Bei den Lesern von Wirtschaftszeitungen, die sicher viel rationaler handeln als andere gesellschaftliche Gruppen, die sich aber gleichzeitig viel auf ihre Rationalität zugute halten und damit schon für Mythen einer bestimmten Art empfänglich werden, verkaufen Autohersteller ihre Produkte – völlig zu Recht natürlich - mit Sachargumenten. „Ein gutes Gefühl: über 3000 Partner in Ihrer Nähe" sagt etwa ein Leasing eines Autoherstellers[24]. Im GEO-Heft titelt ein anderer Autohersteller „Leistung liegt in unserer Natur."[25]

Mythen aus der Werbung sind uns allen so gut bekannt, dass eine vertiefte Darstellung hier überflüssig erscheint. Wenden wir uns lieber gleich der Politik zu.

---

[24] Wirtschaftswoche vom 24.9.2007, S. 65
[25] GEO vom 1. Januar 2008, S. 55

Wie Parteien und Politik mentale Denkmuster einsetzen

Politik und die Arbeit der Parteien kommt zumindest nicht ohne schweres Geschütz, was Mythen angeht, aus. Man lese einmal das Programm der SPD aus 2007:

Die Zukunft ist offen – voll neuer Möglichkeiten, aber voller Gefahren. Deshalb müssen Fortschritt und soziale Gerechtigkeit demokratisch erkämpft werden. Den Menschen verpflichtet, in der stolzen Tradition des demokratischen Sozialismus, mit Sinn für Realität und mit Tatkraft stellt sich die deutsche Sozialdemokratie in der Welt des 21. Jahrhunderts ihren Aufgaben. Für dauerhaften Frieden und für die Sicherung der ökologischen Lebensgrundlagen. Für eine freie, gerechte und solidarische Gesellschaft. Für die Gleichberechtigung und Selbstbestimmung aller Menschen – unabhängig von Herkunft und Geschlecht, frei von Armut, Ausbeutung und Angst.

Wir erstreben eine friedliche und gerechte Weltordnung. Wir setzen auf die Stärke des Rechts, um das Recht des Stärkeren zu überwinden. Das soziale Europa muss unsere Antwort auf die Globalisierung werden. Nur in gemeinsamer Sicherheit und Verantwortung, nur in Solidarität und Partnerschaft werden die Völker, Staaten und Kulturen das Überleben der Menschheit und des Planeten sichern können.

Wir arbeiten für nachhaltigen Fortschritt, der wirtschaftliche Dynamik, soziale Gerechtigkeit und ökologische Vernunft vereint. Durch qualitatives Wachstum wollen wir Armut und Ausbeutung überwinden, Wohlstand und gute Arbeit für alle ermöglichen und dem bedrohlichen Klimawandel begegnen. Es gilt, die natürlichen Lebensgrundlagen auch für künftige Generationen zu sichern und die Qualität des Lebens zu verbessern. Dafür wollen wir die Möglichkeiten des wissenschaftlichen und technischen Fortschritts in den Dienst der Menschen stellen.

Wir entwickeln den vorsorgenden Sozialstaat, der Armut bekämpft, den Menschen gleiche Chancen auf ein selbstbestimmtes Leben eröffnet, gerechte Teilhabe gewährleistet und die großen Lebensrisiken verlässlich absichert. ...[26]

„Die Zukunft ist offen" ist ein so mächtiges Glaubensbekenntnis, wie es etwa von Buddha berichtet wird. Buddha wurde die Frage gestellt, was er nach langer Meditation über die Welt und das Leben als wesentlich erkannt habe. Er antwortete, dass es nichts Heiliges gebe und alles offen sei. Ähnlich fundamental beginnt das SPD-Programm. Ob wirklich „alles" offen ist, zumindest im politischen Bereich, darf mit Fug und Recht bezweifelt werden: Es gibt eine Verfassung, es gibt wirtschaftliche Infrastrukturen und gesellschaftliche Verhältnisse, die eine Regierungspartei SPD ganz wesentlich mit gestaltet hat und sicher jetzt nicht plötzlich als „offen" zur Disposition stellen will. Man wird diese Eröffnung deshalb schwerlich als Sachverhaltsbeschreibung sondern eher als Mythos bewerten müssen.

Das CDU-Programm fährt nicht weniger mächtige Mythen auf. Das Programm beginnt mit *„Wir Christliche Demokraten bekennen uns im Bewusstsein unserer Verantwortung vor Gott und den Menschen mit diesem Grundsatzprogramm zu unseren Werten und Zielen und ...".* Als mathematischer Formalist wird man bei einer Analyse des Satzes zum Ergebnis kommen, dass er für die Lektüre von Menschen mit zwei unterschiedlichen Variablen ausgestattet wurde, die jeder Leser selbst mit Inhalt füllen muss und in denen er sich selbst im Text somit immer wieder findet: „Werten" und „Zielen" heißen diese Variable. So gesehen trans-

---

[26] „Hamburger Programm", Grundsatzprogramm der SPD vom 28. Oktober 2007, Einleitung S. 5

zendiert der Text jeden Leser zu einer Person, die ihre eigenen Werte, die jeder beim Lesen unbewusst in die genannten Variablen hineininterpretiert, direkt von Gott ableitet. Auch hier findet sich also keine Beschreibung eines Sachverhalts sondern ein Mythos.

Weiter ist das CDU-Programm sehr bemüht, aus der Vergangenheit unter anderem den Mythos des Erfolgs und der wirtschaftlichen Vernunft abzuleiten.

Wir Christliche Demokraten bekennen uns im Bewusstsein unserer Verantwortung vor Gott und den Menschen mit diesem Grundsatzprogramm zu unseren Werten und Zielen und geben Antworten auf die Herausforderungen unserer Zeit.

Die CDU ist die Volkspartei der Mitte. In ihr sind auch heute die politischen Strömungen lebendig, aus denen sie nach 1945 entstanden ist: die christlich-soziale, die liberale und die wertkonservative. Wir orientieren uns am christlichen Bild vom Menschen und seiner unantastbaren Würde und davon ausgehend an den Grundwerten Freiheit, Solidarität und Gerechtigkeit. Wir streben nach dem richtigen Verhältnis der Grundwerte zueinander.

In einer sich ändernden Welt bleibt es unser Auftrag, Werte und Wirklichkeit zusammen zu denken und entsprechend zu handeln. Die Einsicht in die Fehlbarkeit des Menschen bewahrt uns vor der Gefahr, Politik zu ideologisieren und zeigt uns die Grenzen der Politik auf.

Die Union hat die entscheidenden Weichenstellungen in der Geschichte der Bundesrepublik Deutschland vorgenommen. Heute stellen wir uns mit gleicher Entschlossenheit den Herausforderungen des 21. Jahrhunderts.

Nach 1949 legte die CDU mit den grundlegenden Richtungsentscheidungen wie der Sozialen Marktwirtschaft, der Westbindung und der Europäischen Einigung die Fundamente für eine freiheitliche, gerechte und dynamische Entwicklung unseres Landes.

Die CDU hat gegen Widerstände an der Wiedervereinigung Deutschlands festgehalten. Als sich die Chance bot, konnte nach bitteren Jahrzehnten der Teilung die Einheit unseres Vaterlandes in Frieden und Freiheit unter Führung der CDU vollendet werden. Deutschland kann stolz sein auf das, was es geleistet hat. Die CDU hat maßgeblichen Anteil an dieser Erfolgsgeschichte.[27]

Ganz anders, mit viel weniger dosierten Mythen, kommen etwa die beiden großen Bewerber der Demokraten für die Präsidentschaft 2008 aus. Barack Obamas Programm ist sehr bemüht, aus konkreten Problemen ebenso konkrete Handlungsanleitungen für seine kommende Politik abzuleiten. Sein Stil entspricht dem unserer Regierungserklärungen:

The Problem[28]
Pay Inequity Continues: *For every $1.00 earned by a man, the average woman receives only 77 cents, while African American women only get 67 cents and Latinas receive only 57 cents.*
Hate Crimes on the Rise: *The number of hate crimes increased nearly 8 percent to 7,700 incidents in 2006.*
Efforts Continue to Suppress the Vote: *A recent study discovered numerous organized efforts to intimidate, mislead and suppress minority voters.*
Disparities Continue to Plague Criminal Justice System: *African Americans and Hispanics are more than twice as likely as whites to be searched, arrested, or subdued with force when stopped by police. Disparities in drug sentencing laws, like the differential treatment of crack as opposed to powder cocaine, are unfair.*
Barack Obama's Plan
Strengthen Civil Rights Enforcement
Obama will reverse the politicization that has occurred in the Bush Administration's Department of Justice. He will put an end to the ideological litmus tests used to fill positions within the Civil Rights Division.
Combat Employment Discrimination

---

[27] CDU-Grundsatzprogramm "Freiheit und Sicherheit. Grundsätze für Deutschland.", beschlossen auf dem 21.Pareirag in Hannover vom 3. und 4. Dezember 2007
[28] Barak Obama, Auszug aus seiner Homepage Stand Dezember 2007

Obama will work to overturn the Supreme Court's recent ruling that curtails racial minorities' and women's ability to challenge pay discrimination. Obama will also pass the Fair Pay Act to ensure that women receive equal pay for equal work.

Expand Hate Crimes Statutes
Obama will strengthen federal hate crimes legislation and reinvigorate enforcement at the Department of Justice's Criminal Section.

End Deceptive Voting Practices
Obama will sign into law his legislation that establishes harsh penalties for those who have engaged in voter fraud and provides voters who have been misinformed with accurate and full information so they can vote.

End Racial Profiling
Obama will ban racial profiling by federal law enforcement agencies and provide federal incentives to state and local police departments to prohibit the practice.

Reduce Crime Recidivism by Providing Ex-Offender Support
Obama will provide job training, substance abuse and mental health counseling to ex-offenders, so that they are successfully re-integrated into society. Obama will also create a prison-to-work incentive program to improve ex-offender employment and job retention rates.

Eliminate Sentencing Disparities
Obama believes the disparity between sentencing crack and powder-based cocaine is wrong and should be completely eliminated.

Expand Use of Drug Courts
Obama will give first-time, non-violent offenders a chance to serve their sentence, where appropriate, in the type of drug rehabilitation programs that have proven to work better than a prison term in changing bad behavior.

Barack Obama's Record

Record of Advocacy: *Obama has worked to promote civil rights and fairness in the criminal justice system throughout his career. As a community organizer, Obama helped 150,000 African Americans register to vote. As a civil rights lawyer, Obama litigated employment discrimination, housing discrimination, and voting rights cases. As a State Senator, Obama passed one of the country's first racial profiling law and helped reform a broken death penalty system. And in the U.S. Senate, Obama has been a leading advocate for protecting the right to vote, helping to reauthorize the Voting Rights Act and leading the opposition against discriminatory barriers to voting.*

Hillary Clinton bleibt zurückhaltender und konzentriert sich mehr auf die Aktion zur Unterstützung ihrer Kandidatur. Wie die CDU bei uns bemüht sie auch mehr historische Leistungen:

Strengthening our Democracy[29]

Fair and honest elections are the bedrock of a successful democracy. Yet we have seen abuses in national elections since 2000 that have undermined our democracy and Americans' faith in our electoral system.
Hillary is a leading champion of election reform. She has introduced the Count Every Vote Act to avoid repeating the problems of the past and ensure the integrity of our elections. Her bill:
Provides a paper trail for every vote cast.
Designates Election Day as a national holiday.
Allows same-day registration.
Minimizes long lines at the polls.
Makes sure that impartial officials administer our elections.
Allows the attorney general to bring suit against anyone using deceptive practices (like distributing flyers with incorrect information about voter eligibility) to keep voters from voting.
Helps states invest in better voting technology.

Hillary, along with Senator Barbara Boxer and Representatives Stephanie Tubbs Jones and John Lewis, reintroduced the Count Every Vote Act on the 42nd anniversary of the Bloody Sunday march from Selma, Alabama. She has vowed to continue the fight for this bill because all Americans should be sure their votes are counted.
Hillary has also been a champion for civil rights. She has called for the Employment Non-Discrimination Act -- comprehensive civil rights legislation that would finally prohibit discrimination against employees on the basis of their sexual orientation. She has also supported legislation to end hate crimes by empowering federal officers with the greater authority and resources to investigate and prosecute these crimes.
She worked on bills, both of which were passed into law, to honor Shirley Chisholm for her service and to place a statue of Sojourner Truth in the U.S. Capitol. And she strongly opposed the confirmations

---

[29] Hillary Clinton, Auszug aus ihrer Homepage, Stand Dezember 2007

of Samuel Alito and John Roberts as Supreme Court Justices, and those of Charles Pickering, Miguel Estrada, Janice Rogers Brown, and Priscilla Owen as federal circuit court judges.

Noch umsetzungsorientierter als die Demokraten und ohne Mythen zu bemühen präsentiert sich der republikanische Präsidentschaftskandidat Mitt Romney.

Ein kurzer Auszug zur Sicherheitspolitik mag genügen:

The Romney Plan for Security:

A Stronger Military.
We must increase the size of our military by 100,000 troops. In addition, we should increase to at least four percent of our gross domestic product to defense. This kind of investment will make up for critical gaps in the modernization of our equipment, personnel and health care efforts. However, as we invest in our military, we must ensure that funds are used to address critical needs of the men and women of our Armed Forces, not political or contractor interests.

Transform And Strengthen Our Domestic Civilian International Efforts To Meet A New Generation Of Challenges.
Building on the Goldwater-Nichols military reforms of the 1980s, we need to ensure that our civilian instruments of national power have the ability to build joint efforts among our civilian agencies and empower Regional Deputies with clear lines of authority, sufficient budgets and the responsibility to develop and execute regional plans and strategies. We must also constantly challenge bureaucratic "group think" and revitalize our national security structures so we have the capabilities needed to meet 21st century challenges.[30]

---

[30] Aus der Internet-Präsentation von Mitt Romney unter www.mittromney.com/homepage, Stand Januar 2008

Wo ohne mentale Eindrücke argumentiert wird

Gibt es denn keinen Bereich reiner, argloser, kommerz- und manipulationsloser Rationalität? Ist wenigstens in der reinen Mathematik oder der Physik Platz dafür? Wohin kann sich derjenige flüchten, der ohne emotional wirkende Denkmuster reine Erkenntnis gewinnen will?

Die Fluchtmöglichkeiten sind recht begrenzt. Denken wir etwa einmal an die Quadratur des Kreises. Dies ist ein sehr bekanntes und einfach zu formulierendes Problem: Man konstruiere mit Zirkel und Lineal ausgehend von einem Kreis ein Quadrat, das denselben Inhalt wie der Kreis hat.

Das mythische an diesem Problem ist, dass es schon viele Lösungsversuche gegeben hat, aber noch keine Lösung wirklich gefunden worden ist. Die Quadratur des Kreises ist somit ein Synonym geworden für den Versuch, ein einfach erscheinendes Problem zu lösen, das sich aber als sehr schwierig, wenn nicht gar unlösbar, erweist. So wird die Neuregelung der Krankenversicherung zur Quadratur des Kreises, oder die Demografieentwicklung der Gesellschaft mit dem immer größer werdenden Anteil der Älteren und dem Zusammenbruch der Rentenversicherung.

Doch nicht nur die großen Fragen der Mathematik beinhalten mythische Elemente, wie wir sie hier definiert haben. Auch wer ein einfaches Integral berechnen oder eine ganz normale mathematische Aufgabe lösen will, merkt schnell, dass er sehr viel Emotionalität einbringen muss, um auf den Lösungsweg zu kommen. Das Ergebnis ist somit rational und mythenfrei, der Weg dahin, ist aber mit viel emotionaler Intelligenz, mit Einfühlungsvermögen usw. verbunden.

In der Physik finden wir ähnliche Elemente: Der Wunsch, eine Weltformel der Physik zu entwickeln, ist ebenfalls derzeit ein Mythos. Das bestätigt sehr schön unsere vorherigen Überlegungen. Falls die Weltformel der Physik gefunden würde, wäre sie natürlich kein Mythos mehr. Der Weg dahin ist allerdings mit vielen Mythen gepflastert.

Fazit: Ohne Mythen geht nichts.

Wie Mythen in anderen Sprachen begriffen werden

Schaut man in Wikipedia in englisch, französisch und deutsch nach dem Begriff „Mythen", findet man unterschiedliche Ergebnisse. Das mag an den Autoren liegen, dürfte aber auch ein Kennzeichen für die unterschiedlichen Denkwelten der Sprachkulturen sein.

Schauen wir mal die Mythen der Inder an, die Salman Rushdie in „East – West" in mehreren Geschichten herrlich beschreibt:

At the Auction of the Ruby Slippers[31]

The bidders who have assembled for the auction of the magic slippers bear little resemblance to your usual saleroom crowd. The Auctioneers have publicised the event widely and are prepared for all comers. ... teams of psychiatrists of varying disciplines have been installed in strategically located neo-Gothic confessional booths, to counsel the sick at heart.

Most of us nowadays are sick.

There are no priests. The Auctioneers have drawn a line. The priests remain in other, nearby buildings, ...

See: behind bullet-proof glass, the ruby slippers sparkle. We do not know the limits of their powers. We suspect, that these limits may not exist....

---

[31] Salman Rushdie, East, West, Hrg. Von Michael Meyer mit vielen hilfreichen Hinweisen im Philipp Reclam Verlag Stuttgart, Universal-Bibliothek Nr. 9094, 2002

... One corner is occupied entirely by Totos, several of whom are copulating enthusiastically, obliging a rubber-gloved janitor to separate them as to avoid giving public offence. He does this with great delicacy and taste.

We, the public, are easily lethally offended. We have come to think of taking offence as a fundamental right. We value very little more highly than our rage, which gives us, in our opinion, the moral high ground.

Einfach herrlich, wie Rushdie so wie dies auch Lukas in der Weihnachtsgeschichte macht, im Erzählen einer Geschichte sozialkritische Anmerkungen macht (*We, the public, are easily lethally offended. We have come to think of taking offence as a fundamental right.*) und wie er dann daraus gleich ein allgemein einsetzbares Denkschema verallgemeinernd ableitet (*We value very little more highly than our rage, which gives us, in our opinion, the moral high ground.*), um einen Mythos zu konstruieren: Den Mythos von unserer generellen aktuellen Malaise.

In Nordamerika finden wir wahre Schatzkammern von Mythen. Einmal der freie und weite wilde Westen. Wer schon einmal von Raleigh nach Washington geflogen ist oder wer Dallas überflogen hat und dabei kaum ein Fleckchen Wildnis gesehen hat, begreift die Weltfremdheit dieses Mythos. Der Mythos der Cowboys, der Indianer, die keinen Schmerz kennen, und die vielen Mythen der jungen amerikanischen Republik:

Harriet Beecher Stowe lässt seine Geschichte „Property in an Improper State of Mind"[32] über einen geflohenen Sklaven, der in einem Landgasthof absteigt, so idyllisch beginnen:

---

[32] American Myths / Amerikanische Mythen; Hrg. Kristof Wachinger, dtv München, zweisprachig, Oktober 1999

It was late in a drizzly afternoon that a traveller alighted at the door of a small country hotel, in the village of N-, in Kentucky. In the bar-room he found assembled quite a miscellaneous company, whom stress of weather had driven to harbour, and the place presented the usual scenery of such reunions.

... and the boy described here [im Flugblatt zu einem entlaufenen Sklaven] is a fine fellow – no mistake about that. He worked for me some half-dozen years in my bagging factory, and he was my best hand, sir. He is an ingenious fellow, too; he invented a machine for the cleaning of hemp – a real valuable affair. ... His master hold the patent of it.

"I'll warrant ye," said the drover, "holds it and makes money out of it, then turns round and brands the boy in his right hand. If I had a fair chance, I d mark him, I reckon, so that he'd carry it ohe while."

Die verschiedenen Auffassungen über Ehre, Rechtstaatlichkeit, Eigentum und Menschlichkeit werden in dieser Geschichte in einer dichten Folge der jeweiligen zuordenbaren Mythen geschildert. Der dtv-Band, der in der Fußnote als Fundstelle angegeben ist, enthält acht Geschichten über zentrale amerikanische Mythen, deren Verständnis Einsicht in manches gibt, was man in den USA erlebt.

Ähnlich reich ist Frankreich: Den Mythos der „Grande Nation", der Gesellschaft die mit ihrer Revolution erst die Demokratie auf die Beine gebracht hat, kennt den Mythos ebenfalls in vielen Ausprägungen. Frankreich, das ist inzwischen nicht mehr nur das zentrale Frankreich, sondern etwa auch arabische und karibische Kulturen in den Territoires und Départements Outre Mer.

Mon père dit toujours que les Américains sont rien que des menteurs. C'est pas qu'il a une grande connaissance de ces gens et de leur pays, parce qu'à la vérité, il n'a jamais mis les pieds sur ce territoire où les grate-ciels se perdent dans les nuages. À la vérité, il ne connaît pas beaucoup d'endroits dans le monde. La terre, dans sa tête, ce n'est qu'une poignée d'argile, un champ labouré, und étendue de blé. C'est El Ouricia, son petit village d'Afrique du nord qu'il a dû laisser, adolescent, pour aller à Lyon, vers les usines.[33]

Didier van Caulwelaert beginnt seinen Roman "Un aller simple"[34] mit der Beschreibung eines tatsächlich in einem Autounfall verloren gegangenen Kindes. Der Beginn der Geschichte nutzt jedoch ein ganz anderes Gedankenbild:

J'ai commencé dans la vie comme enfant trouvé par erreur. Volé avec la voiture, en fait. J'étais garé sur les clous et, pendant les années qui ont suivi, Mamita, quand je ne finissai par mon assiette, disait que la fourrièreallait venir me chercher....

---

[33] Azouz Begag, La force du berger, aus: Conteurs du Maghreb, Hrg. Von Johannes Röhrig, Reclam Verlag Stuttgart, Universal-Bibliothek Nr. 9036, 1997
[34] Didier van Cauwelaert, Un aller simple, Reclam, Universal-Bibliothek Nr. 9109, Stuttgart, 2003

Was historisch über Mythen gedacht wurde

Um es gleich vorweg zu sagen: Die Erläuterungen im deutschsprachigen Wikipedia kann man nur loben. Sie sind deshalb nachfolgend auch abgedruckt. Aber: Dies ist nicht unser Weg und unsere Definition. Es ist die Definition von jemandem, der die großen Mythen der Weltgeschichte **inhaltlich** untersucht hat. **Wir untersuchen demgegenüber in diesem Band als Voraussetzung für eine spätere inhaltliche Untersuchung die formalen Gesetzmäßigkeiten, denen die Mythen im Inhalt seit jeher folgen und künftig auch noch folgen werden.**

Die früheren Untersuchungen kreisten immer um den Inhalt. Der Inhalt ist aber zeit- und kulturabhängig. Diese Definition ist in einer globalisierten Welt völlig unbrauchbar. Wir haben in unserer Welt keinen Konsens zu grundlegenden Mythen. Deshalb müssen wir nicht den Kampf der Kulturen[35] ausfechten. Es ist auch nicht sinnvoll, so wie Hans Küng einen Weltethos[36] definiert hat, einen Weltmythos zu definieren. Der Weltethos bliebe möglicherweise zumindest einige Jahrhunderte statisch, der Weltmythos würde nicht einmal den nächsten Terroranschlag, die nächste Völkerversöhnung überleben.

---

[35] Samuel P. Huntington, Kampf der Kulturen, Spiegel Edition Band 11, Spiegel Verlag, 2006
[36] Hans Küng, Projekt Weltethos, Piper Verlag, 2006

Außerdem: Diese historischen Untersuchungen kreisten nicht um die kleinen Mythen des Alltags. Es ging darin zuweilen recht elitär zu. Das alles lässt sich aus der Mythos-Definiton von Wikipedia (deutsche Sprache) lesen, die hier nur in einem knappen Auszug wiedergegeben ist. Danach kommen wir zu der im Weiteren hier benutzten kulturunabhängigen Definition.

Mythos[37]
aus Wikipedia, der freien Enzyklopädie

*Ein **Mythos** (mask., von altgr. Laut, Wort, Rede, Erzählung, lat. mythus, Pl.: Mythen) ist eine Erzählung von Ereignissen. In der Neuzeit hat der Begriff einen erheblichen Bedeutungswandel erfahren. Der Begriff Mythos wird in der Gegenwart zumeist für eine ideologisierende Erzählung verwendet, während der Begriff **Mythe** als Singular für die eigentliche Ur-Erzählung angewendet wird.*
Aristoteles (Poetik) verstand unter Mythos die Nachahmung von Handlung, also von etwas Bewegtem, im Unterschied zu den statischen Charakteren, die seiner Auffassung nach noch keine Dichtung ausmachen. Mythos wäre also, vom Gehen eines Menschen zu sprechen, statt bloß seinen Gang zu charakterisieren.
Aus dieser schlichten, technischen, von konkreten Inhalten unabhängigen Definition hat sich im Neuhumanismus des 19. Jahrhunderts, ausgehend von Vorstellungen der französischen Klassik und der Weimarer Klassik, eine Vorstellung von „Mythos" als eines Fundamentalen, Grundlegenden, Urtümlichen herausgebildet, das mit antiken oder mittelalterlichen (später auch mit außereuropäischen oder subkulturellen) Stoffen verbunden ist und die schwindende Autorität des Biblischen ersetzen konnte.

---

[37] Wikipedia in Deutsch; Stand Dezember 2007

Wie man zu Zeiten der Globalisierung denken muss

Die Aussage im deutschsprachigen Wikipedia zum Mythos, nördlich der Alpen seien nur zwei Mythen entstanden, Johann Faust und Don Juan, zeigt, dass wir historisch einen vom Zeitgeist geprägten Begriff des Mythos und der Denkobjekte hatten. Der muss jetzt neu definiert werden, will man das gesetzte Ziel erreichen.

Das geht in einem Prozess, der analog zur Physik verläuft. Ursprünglich betrachteten die griechischen Denker Elemente wie Feuer und Wasser als untrennbare Einheiten der Naturwissenschaft. Später kam man auf ein Modell, wie sich etwa Schwerkraft besser beschreiben lässt. Bertold Brecht stellt in seinem Theaterstück über das Leben des Galileo Galilei anschaulich dar, wie mit den damaligen Methoden der freie Fall unabhängig vom Luftwiderstand begriffen werden konnte.

So entstand das Modell, bei dem die Schwerkraft mit $F = m.g.h$ einen Körper zur Erdmitte hin beschleunigt. Wobei eine Feder und ein Stein von der umgebenden Luft unterschiedlich abgebremst werden.

Dieses Modell entstand, als von den Elementen Abstand genommen würde. Das entspricht unserem Vorgehen, bei dem wir vom Inhalt der Mythen Abstand nehmen. Uns interessieren die bei allen Mythen auftretenden formalen Charakteristiken.

Wir definieren:

I. Definition:

Mythos ist ein sinnlich gebildeter Eindruck von einer nur abstrakt oder unvollständig durch Beispiele beschreibbaren Wahrnehmung eines Menschen.

Alternativ gleichwertig ist:

Alle sinnlichen Eindrücke, die keine Tatsachen, Ereignisse oder Gegenstände in unserem Denken abbilden, sind Mythen.

Diese Definition ergibt sich aus den bisherigen beispielhaft erwähnten Mythen als Verallgemeinerung. Die Definition wird im Folgenden diskutiert.

Beginnen wir mit Erkenntnissen aus extremen Situationen: Thomas Müller ist Europas führender Profiler, also ein Kriminalist, der aus der Art, wie ein Verbrechen begangen wurde, auf den Täter schließt. Er stellt so wie etwa auch Descartes fest, dass es das Denken ist, was den Menschen definiert. Und dieses Denken besteht aus sinnlichen mentalen Eindrücken, die jedem von uns eine besondere Wahrnehmung in einer Situation erlaubt. Thomas Müller beschreibt, dass diese Wahrnehmung den jeweiligen Bedürfnissen entspricht. „Ich erkannte zum ersten Mal, dass Entscheidungsprozesse gewissen Regeln folgten, dass menschliches Verhalten bedürfnisorientiert ist und dass nicht das Verhalten, sondern die Bedürfnisse die Individualität ausmachten."[38]

---

[38]Thomas Müller, Bestie Mensch, ecowin Verlag Salzburg, 2004, Seite 33

Er schildert den Fall eines Räubers, der sich nach einem missglückten Überfall auf ein Postamt verschanzt und sich die Waffe in den Mund hält, um sich selbst zu töten. Auf die Frage von Thomas Müller, wieso er dies machen wollte, sagte er: „... weil ich nicht mehr denken wollte."[39] Weiter stellt Thomas Müller fest: „Menschliches Verhalten ist zu komplex, als dass wir es katalogisieren könnten."[40] Kurzum: Wir müssen eine Definition finden, die a) nicht bereits inhaltliche Festlegungen trifft und die b) vom Denken ausgeht und nicht von messbaren Sachverhalten. Zu diesen Sachverhalten kommen wir allerdings später.

Die Theorie der Spiegelneuronen zeigt, dass wir einen Mechanismus in uns haben, der eine mentale und unbewusste Interaktion zwischen Menschen herstellt.[41] Zuneigung, Solidarisierung, eine Zusammenarbeit von Kollegen, bei der „die Chemie stimmt", ist auf diese Mechanismen zurück zu führen. Auch hier geht es um sinnliche Eindrücke, um mentale Operationen in unserem Denken und nicht in erster Linie um messbare Sachverhalte.

Diese Definition ist also vom Kern her richtig. Sie vermeidet die alten Fehler, bei denen man immer zuerst vom eigenen, beschränkten Inhalten aus urteilen, beurteilen und oft verurteilen will. Die Definition wird auch nachfolgend weiter erläutert und die Gründe für ihre Ausgestaltung werden im Rahmen der weiteren Entwicklung der gesamten Theorie und Formalismen zu den Mythen dargelegt.

---

[39] Thomas Müller, dto. Seite 41
[40] Thomas Müller, dto. Seite 45
[41] Joachim Bauer, Warum ich fühle, was du fühlst, Intuitive Kommunikation und das Geheimnis der Spiegelneurone, Hoffmann und Campe, 2006 Seite 51

Wir gehen hier absichtlich ganz anders vor, als es uns Wittgenstein rät: „4.003 Die meisten Sätze und Fragen, welche über philosophische Dinge geschrieben worden sind, sind nicht falsch, sondern unsinnig. Wir können daher Fragen dieser Art überhaupt nicht beantworten, sondern nur ihre Unsinnigkeit feststellen. ... Und es ist nicht verwunderlich, dass die tiefsten Probleme eigentlich keine Probleme sind.[42]" Ganz offensichtlich gibt es Mythen, wo es sich nicht um konkrete Gegenstände handelt. Wittgenstein würde dem widersprechen: „6.24 ... Sätze können nichts Höheres ausdrücken." Man sieht daraus, wie die Väter der modernen Logik die Reichweite ihrer Instrumente noch nicht richtig einschätzen konnten. Es ist zu hoffen, dass wir diese Schwelle doch überschreiten können.

In einem weiteren Punkt betreten wir Neuland. Selbst einfache Mythen wie „hält jedes Tor" enthalten nicht nur einen einzigen Inhalt, sondern sind mehrdeutig. Ein Fußballenthusiast wird sagen, dass mit „hält jedes Tor" ganz selbstverständlich bestimmte Tore, etwa ganz raffinierte von einem Mythosträger „schießt in jedem Spiel ein Tor" inszeniert, von dieser Regel ausgenommen sind. Wer von Fußball wenig versteht dürfte eher geneigt sein, den Satz „hält jedes Tor" wörtlich zu interpretieren.

Bei den Sinnen beschränken wir uns nicht: Sprache, Laute, Musik, Szenen können diesen sinnlich gebildeten Eindruck erzeugen. Natürlich gilt es auch für Schmecken, Streicheln, Zärtlichkeit und so weiter.

---

[42]Ludwig Wittgenstein, Tractatus logico-philosophicus, edition suhrkamp, 1980

Der Eindruck ist abstrakter Natur, bezieht sich also nicht auf konkrete Gegenstände, Ereignisse oder Personen. Derartige abstrakte Eindrücke besitzen alle Menschen, auch geistig Behinderte. Den Zeitgeist, was fair ist und was nicht, was schön ist und was nicht, was lieb ist und was nicht, empfinden sie genauso wie Menschen, die sich als unbehindert ansehen.

Der abstrakte Eindruck kann durch eine Fülle von Beispielen entstehen. Wer etwa einige Tische gesehen hat, weiß danach, was „der Tisch" ist. Er kann sich aber auch durch abstrakte Beschreibungen als Meta- oder Hyper-Begriff aus anderen abstrakten Begriffen gebildet haben. Wer weiß, was ein Herrscher ist, und was „gerecht" heißt, glaubt auch zu wissen, was ein „gerechter Herrscher (Hyper-Begriff)" ist. Wer weiß, was ein Kaiser, ein Diktator, ein Präsident und ein König oder Bischoff ist, weiß auch, was ein Herrscher (Meta-Begriff) ist.

Der Hyper-Begriff entsteht durch die Verbindung von zwei Begriffen: Wer einen Strich kennt und eine Spitze, findet als Hyper-Begriff den Pfeil als Hyperzeichen „->". Durch diese Hyper-Begriffe können völlig neue und nur marginal neue Begriffe entstehen.

Der Meta-Begriff ist ein Ober-Begriff für andere Begriffe.

Dadurch dass alle Menschen in der Definition angesprochen sind, fallen alle beschriebenen Eindrücke aller Menschen aller Kulturen unter den Begriff des Mythos.

Man kann lange darüber nachdenken, wie inhaltsschwer ein Eindruck sein muss, um Mythos genannt zu werden. Diese Überlegungen sind wenig zielführend, denn für den einen ist „mein erster Schulfüller", „mein erstes Taschenmesser" ein Mythos, der andere macht es nicht unter der „unbefleckten Empfängnis". Wollte man hier differenzieren, müsste man eine Metrik μ über der Menge M aller Mythen definieren. μ wäre aber abhängig vom jeweiligen Menschen, denn jeder gibt einem Mythos einen etwas anderen Wert. Ob man mit so einem Konstrukt jetzt schon weiter käme, darf bezweifelt werden.

Andere Begriffe für Mythos könnten sein „Anhalt", „Mind Object", „Mind Pattern", „Energy Pattern" oder „Life Force"[43].

Geheimnis, Botschaft, Offenbarung, Wachheit sind bloß äußerliche Beschreibungen von Mythen, etwa deren Wirkungsketten. Erleuchtung, Erwartung und Offenbarung, Utopie sind religiöse Erfahrungen, die religiöse Menschen mit Mythen verbinden. Sie sind selbst aber kein Teil der Mythen.

Konkrete Elemente der realen Welt gehören nicht zum Mythos. Ein Mythos kann deshalb angewandt werden, auf einen konkreten Menschen „Kahn hält alle Tore", aber der konkrete Mensch ist nicht Teil des Mythos „hält alle Tore". Möglich ist allerdings wiederum, dass man einen konkreten Menschen, eine Parfüm- oder Automarke mythologisiert. Dann wird mit diesem konkreten Gegenstand ein Mythos (etwa durch nachhaltige Werbung) so stark verknüpft, dass uns Mythos und Gegenstand als Synonyme erscheinen. Derartige Mythologisierungen gelangen zeitweise etwa für Papier-Taschentücher und für Hand-Creme bestimmter Marken.

---

[43] George Bernard Shaw verwendet diesen Begriff in seinem Theaterstück Man and Superman

Dabei hat das Produkt in unserem Denken alle Eigenschaften des Mythos „putzt Nase hygienisch, sauber und kostengünstig" erhalten, ohne
dass wir dies hinterfragt hätten. Als dann andere Papiertaschentücher
den Markt erobert hatten, ließ diese mythologische Bindung nach.

Roland Barthes[44] versucht sich bereits an einer formalen Behandlung der
Mythen, indem er zwischen der Repräsentation durch Symbole, Begriffe
und Bilder und ihrem inneren Gehalt unterscheidet. Diese Vorgehensweise orientiert sich an der Zeichentheorie der Informatik. Ihr Nachteil ist,
dass sie sich noch sehr stark am Inhalt der Mythen orientiert. Dies wird
im weiteren noch deutlicher werden.

---

[44] Roland Barthes: Mythen des Alltags, Frankfurt 1964

Nach welchen Gesetzen wir rechnen können

In guter mathematischer Tradition muss – auch wenn es hier eher l'art pour l'art ist - erst postuliert und bewiesen werden, dass das, worüber man redet, auch wirklich existiert.

II.1 Mythen existieren.

Wer von den bisherigen Beispielen im ersten Teil dieses Buches nicht überzeugt ist, könnte durch einen Widerspruchsbeweis überzeugt werden. Man nehme an, es gebe keine Mythen. Dann bestünde unsere Welt nur aus Gegenständen, von denen wir alle jederzeit und tatsächlich einmütig feststellen könnten, ob sie wahr oder falsch sind.

Denkt man an die vielen psychischen Erkrankungen, politischen Dispute, Kriege und sonstigen Streitereien, dann ist diese Annahme ohne Zweifel unsinnig.

Selbst Wittgenstein hat versucht, einige philosophische Fragen anzugehen, trotz seiner schon mehrfach beschriebenen puristischen Haltung gegenüber dem, was wir erkennen können. So sagt er: „Wenn man unter

Ewigkeit nicht unendliche Zeitdauer, sondern Unzeitlichkeit versteht, dann lebt der ewig, der in der Gegenwart lebt."[45] Bezogen auf einen konkreten Mitmenschen wird es schwer sein objektiv festzustellen, was mit „der in der Gegenwart lebt" gemeint ist. Man kann sich eher vorstellen, dass in einem philosophischen Seminar mit n Teilnehmern weit mehr als n Vorstellungen dazu entwickelt werden können.

Leider führt diese Überlegung nur dazu, dass wir uns mit der Existenz von Mythen anfreunden müssen, wir sie deshalb aber immer noch nicht in den Griff bekommen. Das soll in weiteren Überlegungen versucht werden.

II.2 Mythen haben keinen Wahrheitsgehalt.

Hinweis:

Nur Abbildungen von Mythen auf konkrete Ereignisse mit einem konkreten Zeitbezug haben einen Wahrheitswert (sog. Instantiierungen[46]).

Mythen sind Eindrücke, denen wir ausgesetzt sind. Diese Eindrücke sind jedoch Abstraktionen. Zu Tatsachen, die man mit „wahr" oder „falsch" bewerten könnte, werden sie erst, wenn sie auf die Realität angewandt

---

[45] Ludwig Wittgenstein, Tractatus logico-philosophicus, Suhrkamp Verlag, 1980, Nr. 6.4311
[46] Instantiierungen sind die konkreten Beispiele, die zu einem Modell oder einem abstrakten Begriff gehören. Ist etwa „Gestirn, Typ" das Modell, dann ist „Mond, Erdtrabant" oder „Sonne, Zentralgestirn" eine Instantiierung davon. Der Begriff kommt aus der Theorie der Datenstrukturen der Informatik.

werden. Diese Eindrücke sind somit subjektiv empfundene Tatsachen, im Sinne Wittgensteins. Sie sind also – wenn sie umgesetzt (wir sagen dazu künftig „instantiiert") sind - real, sie wirken in unserem Denken. **Mythen wirken in jedem Menschen anders.**

Natürlich streiten wir dennoch jeden Tag über Mythen und über ihren Wahrheitswert. Aussagen wie „Die öffentliche Verwaltung muss privatisiert werden, damit sie mal effizient arbeitet.", „Manager benötigen hohe Gehälter, weil sie so viel arbeiten.", „Politikern kann man nie trauen." sind Mythen, genauso wie solche Sätze: „Inge braucht einen ordentlichen Mann." oder „Dem kleinen Fritz gehört mal der Hintern versohlt."

Damit das, was daran falsch ist, klar wird, genügt ein Blick auf ein paar klassische Beispiele. Sie resultieren aus einem Theorem der mathematischen Logik, das man mit „Ex falso quodlibet. Aus Falschem folgt alles." bezeichnet. Wenn etwa jemand den Mythos „Gott ist allmächtig" widerlegen will, wird seit jeher etwa so argumentiert: Nehmen wir an, Gott sei allmächtig. Dann kann er auch etwas tun, was er nicht tun kann. Also kann er nicht allmächtig sein.

Oder ein anderes Beispiel für „ex falso quodlibet": Die Aufgabe sei zu beweisen, eine Katze habe mehr als einen Schwanz! Das geht auf der Basis der beiden folgenden „direkt als wahr erkennbaren" Sätze:
- Keine Katze hat fünf Schwänze.
- Jede Katze hat einen Schwanz mehr als keine Katze.

Daraus ergibt sich doch durch Ersetzung von „keine Katze" im letzten Satz: Jede Katze hat sechs Schwänze. Die Aufgabe ist erledigt.

Falsch an diesen und vielen tagtäglich ähnlich benutzten Argumenten ist, dass man aus falschen (oder falsch definierten) Aussagen etwas ableitet. Man benutzt dabei folgende Definition der Wahrheitstabelle der logischen Folgerung.

Der mathematische Kern ist folgender: Seien a und b logische Aussagen. Dann gilt für den Wahrheitswert der Folgerung a $\Rightarrow$ b folgende Tabelle:

a	b	a $\Rightarrow$ b
wahr	wahr	wahr
wahr	falsch	falsch
falsch	wahr	wahr
falsch	falsch	wahr

a $\Rightarrow$ b hat dieselben Wahrheitswerte wie „nicht a" oder b".

Fazit: Viele Alltags- und Stammtischdiskussionen täuschen. Meistens wird nicht diskutiert sondern Mythen werden gegeneinander abgeschossen, weil es unheimlich viel Spaß macht, so miteinander herum zu schäkern. Jeder kann dabei seinen jeweiligen Mythos immer wieder anders instantiieren und noch einen netten Schwank aus seinem Leben erzählen. Eine zielgerichtete systematische Diskussion ist so etwas nicht, sondern ein sozialisierendes Gesellschaftsspiel.

Mythen können auf die Realität angewandt werden. Dann ist ihr Wahrheitswert womöglich beweisbar oder widerlegbar. Sind unsere Denkmuster als Mythos formuliert, macht es keinen Sinn, über ihren Wahrheitswert zu sprechen. Als Eindrücke, so oder anders verstanden, sind sie wirksam und in diesem Sinne wahr.

Für die objektive Analyse der Mythen ist es nicht wichtig, ob der einzelne Mythos von jedem, von einzelnen oder von allen als wahr angesehen wird. Der Mythos ist insofern vergleichbar einer Variablen, die für einzelne Individuen eben unterschiedliche Werte annimmt. Die Gesetzmäßigkeiten, denen die Variable gehorcht, können unabhängig davon untersucht werden. Wir verweisen insoweit auf die oben stehende Analyse des CDU-Parteiprogramms.

Wer an die unbefleckte Empfängnis glaubt, für den ist sie wahr. Wer nicht daran glaubt, für den mag sie ein Beispiel für verwirrtes Denken sein. Über die Wahrheit von Mythen zu reden ist also nicht möglich, weil es keine objektive, vom Empfänger unabhängige Wahrheitsbeschreibung des abstrakten Mythos gibt.

Dieses Ergebnis ist angesichts der bisherigen Herleitung und Verwendung des Begriffs Mythen nicht überraschend. Es wurde immer großen Wert darauf gelegt, dass zwischen dem Mythos und seiner Anwendung auf eine reale Situation unterschieden wird. Der Mythos ist – so würde man in der Informatik sagen – eine Eigenschaft für einen Datensatz, ein Attribut.

Der Datensatz wäre etwa ein Datensatz mit personenbezogenen Daten wie in folgender Tabelle:

Name	Mythos	....
Buddha	ist erleuchtet	
Jesus	hat sich offenbart	
Karl	ist Atheist	

Man kann auch sagen, dass der Mythos „ist erleuchtet" eine Instantiierung hat, die (abgekürzt) folgendermaßen aussieht:

Mythos	Name	....
ist erleuchtet	Buddha	
ist erleuchtet	Lao Tse	
ist erleuchtet	Dalai Lama	

Informatiker erkennen daraus eine Möglichkeit, wie man mit Mythen formal umgehen kann.

Der Sinngehalt des Mythos kann nicht abstrakt definiert werden, sondern wird durch die Auflistung der Namen beschrieben. Würde man die Tabelle mit den Instantiierungen nicht fortsetzen, dann gäbe es halt nur drei Erleuchtete. Setzt man sie fort, dann erhält der Mythos einen anderen Inhalt. Weigert man sich, den Mythos überhaupt so durch eine Auflistung von Namen oder Beispielen zu definieren, dann bleibt er unfassbar. Seiner Existenz muss dies keinen Abbruch tun.

Wer kennt nicht den Fahrer eines Volkswagen, Daimler oder BMW, der mit Überzeugung sagt, sein Auto sei einzigartig, dass aber Toyota die besten Autos baut und dass „wir uns hier verdammt warm anziehen müssen, wenn wir da mithalten wollen". Nehmen wir die Leute beim Wort und versuchen nicht, ihren Aussagen durch Interpretation einen neuen Inhalt zu geben. Dann wird deutlich, dass wir in unserem Denken Mythen von der Abbildung auf bestimmte Realitäten ausnehmen. Der Mythos „Mein Daimler ist hervorragend" und der Mythos „Toyota baut die besten Autos" muss ja im Kopf irgendwie zusammenpassen. Dies geschieht offenbar, indem wir die Abbildung der abstrakten Begriffe „der Daimler" auf „mein Daimler" und „besten Autos" nicht sauber durchführen. In der Welt der Mythen sind unsere Gedanken somit widerspruchsfrei denkbar. Widersprüche treten nicht auf, weil wir die Mythen gar nicht so dicht an die Realität heran lassen.

Würde man in den Begriff des Mythos den Realitätsbezug mit aufnehmen, könnte man so widersprüchliche Aussagen nur über Konstrukte, die etwa Sigmund Freud benutzt hat, erklären. Man müsste krankhaftes Denken, unfertiges, ungeschultes Denken usw. postulieren und käme auf eine Reihe von Bewertungen und Ausgrenzungen, denen wir bei unserer Vorgehensweise hier entkommen konnten.

II.3 Widersprüche lassen sich durch Mythen beschreiben.

Unsere Mathematik, auf der ganz wesentlich unser Fortschritt in den Naturwissenschaften besteht, ist auf der zweiwertigen Logik und Prädikatenlogik aufgebaut. Diese Logik erlaubt nicht Widersprüche zu formulieren. Unabhängig davon bestehen jedoch Widersprüche. Wie kann man mit ihnen umgehen?

Ob in der Natur der materiellen Dinge Widersprüche existieren, ist schwer zu sagen. Denkt man etwa an die Heisenbergsche Unschärferelation in der Physik, nach der von einem Teilchen entweder der Ort oder die Geschwindigkeit (äquivalent: Energie) gemessen werden kann, könnte man dazu neigen, eine Variante von Widersprüchlichkeit zu sehen. Allerdings sind sich alle einig, dass ein Physiker von der Widerspruchsfreiheit seiner Thesen ausgehen muss. Wenn er unerklärbare Widersprüche etwa in einem Experiment findet, geht er davon aus, dass sein Experiment, seine Beschreibung des Experiments oder sein mathematischer Formalismus zur Abbildung dieses Experiments in eine formale logische Sprache ungeeignet sind.

Im Bereich der Mythen bestehen jedoch eindeutig Widersprüche. Wenn etwa jemand „die Ferne mit der Seele sucht", ein „Auswanderer mit Heimweh am Strand zurück schaut" beschreiben wir Situationen, in denen der Mythos „Heimat" und der Mythos „Fernweh" verschmolzen werden, zu einem anscheinend stimmigen einheitlichen Eindruck, der aber auf widersprüchlichen Eindrücken aufbaut. Will man dies mit der Mathematik beschreiben, dann könnte man eine Menge der Stimmungen S definieren, in der „Heimweh", „Fernweh", „Trauer", „Freude", „Melancholie" usw. enthalten sind. Was hätte man durch diese rein formale Zusammenfassung gewonnnen? Der widersprüchliche Inhalt, der den Betroffenen zu schaffen macht, ihnen eventuelle jede Freude nimmt und sie krank macht, den hätten wir nicht eingefangen.

Man kommt somit nicht umhin, den Mythos unabhängig von dem Bezug auf die Realität zu definieren und anzuerkennen, dass er in einer „irgendwie" hierarchischen Form aufgebaut ist und ohne weiteres Widersprüche verkraftet.

Der Hauptsatz der Mythologie

Jeder kennt die Aussage, diejenigen seien besonders intelligent, die ihre Entwicklung als chronologisches und systematisches persönliches Wachsen begreifen. Dieses Wachsen ist ein Phänomen, von dem hier die Entwicklung und Reife des Denkens und „unserer Seele" interessiert.

In der Biografie bedeutender Persönlichkeiten steht häufig, dass ein Kindheitserlebnis der Schlüssel für die spätere Entwicklung darstellte. Sei es, dass die Persönlichkeit in der Jugend arm war und dann sehr zielstrebig und zäh erfolgreich und reich werden wollte. Sei es, dass der Tenor schon immer vor einem großen Publikum singen wollte. Oder es ist so, dass der spätere Ingenieur schon immer gerne am Bachbett seine Staustüfchen und Wasserkanäle gebaut hat.

Ob diese Biografien immer so richtig sind, kann hier getrost offen bleiben. Manches dürfte Dekoration und vom Ghostwriter ergänzt worden sein.

Übrig bleibt: Mythen, die das frühkindliche Denken geprägt haben, entwickeln sich weiter. Sie werden ergänzt um weitere Mythen und neue Ziele und Denkmuster entstehen durch die Anwendung der kindlichen Mythen auf die Realität.

Nochmals zur Erläuterung ein Beispiel: Wenn ein Mädchen als Kind gerne Schlittschuh läuft und so den Mythos der Geschwindigkeit und Eleganz bis zur Versessenheit liebt, wird es – erfahren nach einigen Stürzen, Schwächephasen – feststellen, dass der Mythos „Disziplin und Zielstrebigkeit" ergänzend hinzu kommen muss, um Erfolg und Genuss zu erhöhen. Dadurch entsteht ein neues Energiepaket aus dem verstärkten zusammengesetzten Mythos: „Geschwindigkeit, Eleganz, Disziplin".

Noch was: Wenn Psychologen jetzt ausführliche Mechanismen vorstellen, wie dieser zusammengesetzte Mythos entsteht, wirkt, welche Feedback-Regelkreise hier bei welchen mentalen Deformationen vorkommen, dann schauen wir hier darüber einfach hinweg. Wieso? **Weil wir ein Minimalmodell eines Wirkungskreises wollen**, bei dem mit möglichst wenigen Begriffen etwas erreicht werden kann.

Damit kommen wir zum ersten Hauptsatz:

II.4 Erster Hauptsatz

Sind A und B Mythen, dann sind auch

a) A∇B als Zusammenfassung ein Mythos

   (Hyper-Mythos) und

b) M(A,B) als Überbegriff ein Mythos (Meta-Mythos).

Wenn etwa bei dem oben erwähnten Text aus dem deutschsprachigen Wikipedia gesagt wird, dass nur Johann Faust und Don Juan als Mythen nördlich der Alpen entstanden sind, dann ist die Vorstellung, dass es sich dabei um Mythen handelt, auf die nachfolgend erklärte Weise mit dem hier verwendeten Mythenbegriff verträglich und nicht im Widerspruch.

Don Juan als Gesamtwerk ist ein Mythos, der als Meta-Mythos die verschiedenen Dichtungen zu Don Juan umfasst, von denen jede wiederum eine komplexe Menge von Hyper- und Meta-Mythen darstellt. Verwendete man den Begriff Mythos nur in diesem in Wikipedia benutzten Sinn, dann würde die Beschreibung der einzelnen Wirkungselemente natürlich viel schwieriger. Vielleicht hat deshalb Roland Barthes in seinem Werk Mythen des Alltags[47] eine atomistischere Sicht des Begriffs gesucht.

Wir kommen als nächstes zu einer wesentlichen Erkenntnis:

II.5 Mythen sind zeitlos.

Per Definition und aufgrund den Konstruktionsregeln für den Hyper- und Meta-Mythos kann man Mythen im Sinne des Abstrakten als zeitlos ansehen. Die Instantiierung des Mythos ist demgegenüber zeitabhängig.

Ein Mythos ist ein Eindruck, der zu einer bestimmten Zeit entstanden ist. Dieser Eindruck kann zeitabhängig sein und etwa einen Zeitgeist ausdrücken. So ist etwa unser Begriff des „Bewusstseins" erst im Bürgertum entstanden. Ebenso ist der Begriff der „Mutterliebe" und der „Kindheit" erst nach dem Mittelalter entstanden: Schaut man sich etwa Szenen aus Bildern von Breughel an, dann sieht man, dass dort Erwachsene und Kinder als Gleiche miteinander spielen. Dennoch macht es keinen Sinn, einen Mythos, der heute bekannt ist, zeitabhängig zu definieren. Denn er

---

[47] Roland Barthes, Mythen des Alltags, Edition Suhrkamp Nr. 92, 1964

besteht so wie das, was wir als „Bewusstsein" bezeichnen, von seinem Auftreten an bis in alle Zukunft.

Ein Mythos kann sich ab seinem ersten Auftreten wandeln. Dann beschreibt man ihn aber besser als eine Mythenfolge mit einer Zeitabhängigkeit. So lassen sich Mythen besser begreifen, als wenn wir anders vorgingen und etwa Mythen mit Verfallsdatum versehen würden.

Ist also ein Mythos ein Eindruck, der zu einer bestimmten Zeit entstanden ist, und hat sich dieser Eindruck im Laufe der Zeit fortentwickelt, dann ist es von der Technik der Begrifflichkeit geschickt, diesen gewandelten Mythos-Begriff als Menge oder ggf. als Folge definierter einzelnen Mythen-Begriffe M_i mit i=1, 2, 3, .. n zu sehen.

Beispiel:
Bewusstsein = {Bewusstsein um 1900, Bewusstsein der Arbeiterklasse um 1914, Bewusstsein des Bürgertums um 1914, ...}.

Die einzelnen Elemente dieser Menge oder Folge (sofern die Menge sich etwa chronologisch ordnen lässt) können Hyper- oder Meta-Mythen sein. Man wird im praktischen Fall schon aus Gründen der Übersichtlichkeit versuchen, sich auf orthogonale Mythen zu beschränken.

Ist ein Mythos definiert über eine Aufzählung von Beispielen, dann kann er ähnlich strukturiert werden. Wann immer neue Beispiele hinzu kommen, kann – je nachdem wie man begrifflich im Einzelfall vorgehen will – die Menge der Mythen definiert werden.

Dieses Vorgehen mag schwierig zu verstehen und von Manchen etwas willkürlich und chaotisch empfunden werden, doch gehen wir mit Zahlen, Dokumente, philosophischen Gedanken usw. in allen Wissenschaften analog um und schrecken vor großen Mengen keinesfalls zurück. Es gibt deshalb keinen Grund, bei Mythen anders zu denken.

Eine weitere Möglichkeit, Mythen zu definieren ist gegeben. Man kann einen Mythos heranziehen, und ihn auf verschiedene Zeitpunkte instantiieren. Auch so kann „der Zeitgeist" beschrieben werden. Nimmt man als Mythos etwa den Glauben an Gott und bildet ihn ab auf die Zeit der Römer, des Mittelalters, der Kreuzzüge, der Auseinandersetzung mit dem Islam, usw. dann erhält man eine Folge von Instantiierungen desselben Mythos. Alternativ, wie gesagt, kann man auch sagen, der Mythos „Glaube an Gott zur Zeit der Römer" sei ein anderer als der Mythos „Glaube an Gott zur Zeit der Kreuzzüge". So wie man in der Arithmetik unterschiedlich vorgeht, kann man dies hier auch tun. Man nutzt dabei das Koordinatensystem, das gerade gut passt.

II.6 Mythen sind immun gegen Kritik.

Wenn Mythen zeitlos sind und keinen Wahrheitswert haben, ist es ziemlich sinnlos, Mythen einer sachlichen Kritik zu unterziehen. Das geht streng genommen auch gar nicht und das, was als Kritik von Mythen gedacht ist, erscheint viel mehr als eine Zustimmung heischende Gegenüberstellung eines Mythos A gegenüber dem zu kritisierenden Mythos B. Man denke etwa an die o.g. Parteiprogramme. Es macht wenig Sinn, die

Vorstellung der SPD von einer offenen Zukunft dem Bekenntnis der CDU zu einer Verantwortung vor Gott gegenüber zu setzen. Man kann die amerikanischen Beispiele von Barack Obama und Hillary Clinton heranziehen und dort wesentlich sachorientierter fragen, ob die Problembeschreibung richtig ist. Doch bereits hier wird es ebenfalls Auseinandersetzungen geben, weil auch in den Problembeschreibungen Mythen enthalten sind.

Was Instantiierung bewirkt

Was gelingt aufgrund II.6 unterm Strich somit durch einen Text, der nur Mythen enthält? Er kann ernsthaft gar nicht angegriffen werden!

Angegriffen werden kann die Instantiierung eines Mythos auf die Realität. Man nehme etwa den Mythos „Gott hat die Welt an 7 Tagen erschaffen und das ist jetzt genau x Jahre her." Diesen Mythos kann man auf bestimmte Gebirge, Bäume, Lebewesen usw. anwenden. So hat man noch eine gewisse Chance, zu einer sachlich kritischen Diskussion zu kommen und ihn zu verifizieren oder zu falsifizieren. Verzichtet man auf diese Abbildung der Mythen auf die Realität, dann wird es zu jedem „Argument" ein „Gegenargument" geben.

Die kritische, an der Abbildung auf die Realität ausgerichtete Diskussion erweist einen Mythos als realitätsfern, wenn jede einzelne Abbildung des Mythos auf einen Gegenstand der Realität als falsch bewertet werden kann. Das zu tun wird häufig dauern und es wird uns nicht vergönnt sein, dies zu erleben. Argumentationen, die nicht in angemessener Zeit zu einem Ergebnis kommen, sind wenig hilfreich. Deshalb verfolgen wir sie hier nicht weiter.

II.7 Mythen können sich als Kult oder Ritual instantiieren.

„True myth may be defined as the reduction to narrative shorthand of ritual mime performed on public festivals, and in many cases recorded pictorially."[48]

Wir fassen uns in diesem Band dazu kurz und verweisen insbesondere auf die Darstellung von Norbert Bolz[49]. Dem Leser mag es wiederum eine Hilfe sein daran zu denken, wie seine Kinder beim abendlichen Vorlesen Mythen in immer derselben Weise (als Ritual) erzählt haben wollen.

---

[48] Robert Graves, The Greek Myths, Wikipedia unter „Mythology"
[49] Norbert Bolz, Die Wirtschaft des Unsichtbaren, Econ Verlag München, 1999, S. 90 ff „Gestaltung des Unsagbaren"

Wie Bewusstsein und Persönlichkeit aussehen

Wir haben Mythos definiert als „Mythos ist ein sinnlich gebildeter Eindruck von einer nur abstrakt oder unvollständig durch Beispiele beschreibbaren Wahrnehmung eines Menschen.". Es stellt sich nun die Frage, ob es Untermengen von der Menge aller Mythen gibt, die für uns besonders interessant sind.

Mit Ritualen haben wir bereits Instantiierungen von Mythen gefunden. Somit wäre eine interessante Untermenge von Mythen bereits erkannt. Rituale sind strenge Regeln, die aufgrund einer mental vorhandenen Vorstellung (also eines „sinnlichen Eindrucks") in bestimmten Situationen mehr oder weniger streng immer gleich in Realität (Argumentationsmuster, zustimmende oder verächtliche Gestik, Tanz, usw.) umgesetzt werden. Diese Umsetzung ist die Instantiierung, die Abbildung des Mythos auf die Realität.

Weniger strikte mentale Regeln als die, die Ritualen zugrunde liegen, können wir in analoger Weise als Mythos bezeichnen. Dies kann für jede Regel gelten, die wir unserem Leben zugrunde legen.

Sei also M die Menge aller Mythen. Dann existiert für jede Person eine Menge $R \subset M$ als Menge aller Regeln, die dieser Mensch (mehr oder minder stringent; vgl. oben zur beschränkten Abbildung von Mythen auf die Realität) zu einer bestimmten Zeit befolgt. R ist abhängig von der jeweiligen Person P und von der Zeit t:

III.1 Definiton:

Die Menge der Regeln, denen eine Person folgt, bezeichnen wir mit R=R(P,t).

Wo dies aus Gründen des untersuchten Gegenstands einfacher erscheint, kann die Menge der Regeln, die eine Person P zu irgendeiner Zeit angewandt hat, auch so definiert werden:

$R_P = \{R(P,t) : t = \text{gesamtes Lebensalter}\}$

Totem und Tabu[50] sind ebenso wie die Rituale der jeweiligen Person Teilmengen von R. Inzestregeln kann man beispielsweise als Regeln ansehen, die Mythen entsprechen. Eine Berechtigung ergäbe sich, weil Inzestregeln in unterschiedlichen Gesellschaften unterschiedlich weit gehen.

Wenn man nun das Ziel verfolgt, mit möglichst inhaltlich und formal möglichst wenigen weiteren Definitionen auszukommen, kann man folgendermaßen definieren:

---

[50] Sigmund Freud, Totem und Tabu, Fischer Verlag Frankfurt, 1991

III.2 Definition:

Sie E die Menge aller Ereignisse, in denen eine Person eine Entscheidung fällt, dann ist das Bewusstsein dieser Person eine Teilmenge B ⊂ E x R(P,t).

Diese Definition hat den Vorteil, dass sie außer der Definition einer Menge von Ereignissen nichts Neues voraussetzt. Ereignisse sind aus der Wahrscheinlichkeitstheorie bekannt und deshalb problemlos in diesem Kontext nutzbar.

Der Versuch, eine Funktion zu definieren, die allen Ereignissen einen bestimmten Mythos (eine bestimmte mentale Regel) zuordnet, wäre möglich. Aus dem Alltag weiß man, dass nicht immer nur ein mentales Objekt (Mythos, Regel) unser Bewusstsein und unsere Entscheidungen bei einem Ereignis bestimmen. Dazu haben wir formal und inhaltlich (sicher überzeugend) festgelegt, dass Meta- und Hyper-Mythen auch wieder Mythen sind. Das heißt, dass die Mythen-Mischung, die uns zu einer Entscheidung bringt, wiederum Teil von R(P,t) wäre. Ob mit der Definition einer solchen Funktion viel gewonnen wäre, ist fraglich, denn die jeweilige Mythen-Mischung, die uns zu einer speziellen Entscheidung führt, ist vielfach viel schlechter zu benennen und inhaltlich zu umschreiben als einzelne Mythen und Regeln, die schwerpunktmäßig an der Entscheidungsbildung beteiligt sind. Hier wurde deshalb die andere Definition gewählt. Die Definition einer Funktion stünde jedoch nicht im Widerspruch dazu und kann bei Bedarf problemlos herangezogen werden.

Das Interessante an einer Entscheidungssituation einer Person ist, ob sie diese Situation überhaupt erkennt. Wenn zwei Personen P_1 und P_2 im selben Raum sind und - soweit dies überhaupt denkbar erscheint - dasselbe erleben, dann sind die Mengen E_1 und E_2 der Ereignisse, in denen P_1 und P_2 eine Entscheidung fällen, in der Regel nicht identisch. Man kann sagen, dass die Selektion dieser Entscheidungssituation doch auch ein wesentliches Merkmal des Bewusstseins ist und wir dieses Merkmal hier etwas zu elegant außen vor gelassen haben. Das wäre allerdings auch reparabel: Man kann für P_1 und P_2 auch dieselbe Ereignismenge $E = E_1 \cup E_2$ verwenden, indem man die Mengen vereint. $R(P,t)$ erhält dann noch die leere Menge $\emptyset$ als Element. Ereignisse, die eine Person nicht erkennt, werden dann über die leere Menge abgedeckt. Man kommt so dazu, für eine Gruppe von n Personen eine einzige Ereignismenge definieren zu können.

Das Bewusstsein B ist im Übrigen wie $R(P,t)$ von der Zeit abhängig, also: $B(t)$. Man kann sich auch hier - wo sinnvoll - behelfen wie bei R_P.

Mit diesen Vorüberlegungen kann man - wieder so minimalistisch wie vorher - den Begriff der Persönlichkeit definieren:

III.3 Definition:

$P = \{B\,(t_i): i = 1, 2, 3, \ldots\}$ **heißt Persönlichkeit**

Die Persönlichkeit ist – so verstanden - eine mathematische Folge von Bewusstseinszuständen und damit definiert als eine „Zeitmaschine", die mehr oder weniger konsistent Mythen auswählt und sie ihren Lebensentscheidungen zugrunde legt. Das zeitliche Protokoll dieser Zeitmaschine bliebe demnach in unserem Bewusstsein als eine Abbildung der jeweiligen Persönlichkeit zurück. Wir erinnern uns dann entweder an die Grundsätze (Mythen, Regeln), die aus der Persönlichkeit das machen, was wir daran sehen, oder wir orientieren uns an den Handlungen dieser „Persönlichkeit".

Im Alltagsleben finden wir immer wieder Zeitgenossen, die eine Person aufgrund einer einzigen Handlung beurteilen wollen. Unsere Definition sieht dies nicht vor. Damit ist sie im Einklang mit den Erkenntnissen von Menschen, die sich mit den seltsamsten Personen beschäftigen. Der Kriminalist Thomas Müller sagt: „Eine Entscheidung einer Person zu einem bestimmten Zeitpunkt sagt nichts oder kaum etwas über ihre Persönlichkeit aus."[51]

Grundsätze (Mythen) und Handlungen können natürlich - für einen Außenstehenden - völlig widersprüchlich sein. Das ist kein Wunder, denn wir haben zu den einzelnen Abbildungen überhaupt nichts gesagt.

Die einzelnen Abbildungen B und P zu beschreiben, wird auch Aufgabe Anderer sein. Hier sind natürlich alle Möglichkeiten der Mathematik vorhanden: Wahrscheinlichkeitsaussagen, logische Aussagen, arithmetische Annäherungen, Zeitreihen, Ereignismengen usw. sind hier akzeptable

---

[51] Thomas Müller, Bestie Mensch, ecowin Verlag Salzburg, 20004, Seite 32

Beschreibungsmittel. So wie wir in der Optik, Relativitätstheorie und der Mechanik vergleichbare Instrumente einsetzen, um in bestimmten eng begrenzten Szenarien die Sachverhalte nachvollziehbar zu gestalten.

Wie Inhalte strukturiert werden

Für viele Leser wird es jetzt erst richtig interessant: Was sind denn nun inhaltlich die Mythen, die uns alle bewegen? Damit kommt man rasch in eine Diskussion, als was etwa Ängste, Triebe wie der Sexualtrieb, Gier anzusehen sind. Handelt es sich um Grundtriebfedern unseres Lebens? Verfügen sie über eine Eigengesetzlichkeit? Ist Gier auf Sex der Gier auf Eigentum oder auf Geld gleichzusetzen? Wo ist der gesunde Egoismus abgegrenzt gegen den gesellschaftlich ruinösen Egoismus? Was ist das Wesen von Aggressivität und Krieg? Führt Aggression, wie manche etwa so wie Montaigne sagen, zu Phasen gesellschaftlicher Stabilität[52]?

Solche Fragen sind von enormer Bedeutung. So wird etwa die Politik und Kirche entscheiden müssen, wie sie das Auseinanderbrechen der Gesellschaft im Rahmen der moralischen Haltlosigkeit vieler Managergehälter, die Sucht vieler Medienschaffender immer mehr Tabus in ihren Filmen immer direkter zu brechen, der unterschiedlichen Bewertung des Kampfes gegen den Terrorismus usw. angehen kann. Es wird nicht rei-

---

[52] Michel de Montaigne, Essais, Goldmann Taschenbuchausgabe 11/2002, Zweites Buch. Montaigne berichtet, man habe früher absichtlich Kleinkriege mit den Nachbarn geführt, um das Potential aggressiver junger und gefährlicher Männer gering zu halten.

chen, wenn die Politik dazu nur immer wieder 2-Sekunden-Statements herausgibt und ansonsten die Parteiprogramme wie oben dargestellt belässt. Wir werden dazu in einem zweiten Band Mythen-Atlanten veröffentlichen und diese Probleme deutlicher darstellen. Bevor wir das angehen, ist noch viel and Grundlagenarbeit zu leisten. Dazu kommen wir im Folgenden.

Die inhaltlichen Fragen sind immens, bedenkt man, welche Welten hier abgedeckt werden, wenn wir solche Themen mit aufnehmen: Von dem Mythos „frisch duftende Rose" bis zum „radikalen Zerstörungskrieg", von der romantischen Finka auf Mallorca bis zu den gigantischen 1000m hohen Wolkenkratzern von Dubai wird unser Spektrum reichen.

Man hat früher schon versucht, Mythen zu klassifizieren und inhaltlich zu ordnen. Folgendes ist lt. Wikipedia herausgekommen:

« Le catalogue des mythes contient un certains nombre de sujet qui peuvent etre groupé soit par thème soit par la forme du message qui véhicule le mythe lui même.

Les Mythes par genre

Classement par nombre d'occurrences (certains mythes sont comptés plusieurs fois par la nature meme de leur mythe):

- Alimentaire : 4 occurrences (Le vin et le lait, Le Bifteck et les frites, Le guide bleu, cuisine ornementale)

- Consommation (Saponides et détergents, L'opération astra, Jouets, Publicité de la profondeur, Le "Guide Bleu", Strip-tease, La nouvelle Citroën

- Photographie : x occurrences (l'acteur d'Harcourt, Photo-chocs, Photogénie electorale, La grande famille des hommes, Bichon chez les nègres)

- Sport : x occurrences (Le monde où l'on catche, Le Tour de France comme épopée

- Faits divers : x occurrences (Dominici où le triomphe de la Littérature, Conjugales, Billy Graham au Vel' d'Hiv, Le procès Dupriez

- Politique : x occurrences (Quelques paroles de M. poujade, Photo-génie electorale, Poujades et les intellectuels)
- Langage & Littérature: x occurrences (L'écrivain en vacances, Ro-mans et enfants, "Natilusé et "bateau ivre", Adamov et le langage, Racine est Racine, Grammaire africaine, La littérature selon Minou Drouet)
- Cultures : Au music-hall
- Figures : (Les romains au cinema, Critique muette et aveugle, Le pauvre et le prolétaire, Martiens, Un ouvrier sympathique, L'homme-jet, L'usager de la grève)
- Personnalités : x occurrences (Le cerveau d'Einstein, Iconographie de l'abbé Pierre, Le visage de Garbo »[53]

Daraus lassen sich die nachfolgend beschriebenen Erkenntnisse ableiten.

Erstens sieht man, dass solche einfachen Vorgehensweisen vom Zeitgeist, von kulturellen Prägungen, persönlichen Einstellungen usw. abhängig sind. Eine allgemein akzeptierte Lösung wird sich so nicht finden lassen. Die Frage ist, ob wir einen Vollständigkeit reklamierenden Katalog aller Mytheninhalte jetzt überhaupt benötigen? Man findet solche allgemein verbindlichen Ansätze sonst auch nicht in den Wissenschaften, schon gar nicht im ersten Schritt. Niemand will etwa mit der klassischen Mechanik die Bewegung aller Gegenstände in einem Bahnhof oder mit Hilfe der physikalischen Gesetze zur Optik den gesamten Lichtfall in einem Zimmer beschreiben. Man sucht sich immer Instrumente heraus, um in einem definierten Umfeld eine möglichst akkurate Lösung erlauben. So kann man etwa eine Brille entspiegeln, auch wenn man den Bildschirm vor dieser Brille, die beiden Fenster mit Sonneneinfall neben der Brille

---

[53] Französischsprachiges Wikipedia, Artikel „Mytholgies", Stand Januar 2008

und die Neon-Lampe an der Decke nicht auf einen Schlag mit entspiegeln kann.

Zweitens wird deutlich sichtbar, dass die Inhalte der Mythen strukturiert und zudem gewertet werden müsse.

Der Versucht, das Thema Mythen vom Inhalt her zu bewältigen, sollte die mathematische Vorgehensweise und die jetzt schon mehrfach angewandten Zielsetzung beachten, minimalistische begriffliche Konzepte anzuwenden. Dabei kommt man zu Folgendem:

Strukturierung von Mythen durch die Unabhängigkeit von Begriffen:
Man wird in der Menge der Mythen nach einer möglichst kleinen Teilmenge suchen, aus der heraus sich durch Meta- und Hyper-Mythen-Bildung der gesamte „Mythenraum", den man untersuchen will, erschließt. Diese kleine Teilmenge, man kann sie den Kern der Menge aller Mythen nennen, bestünde aus inhaltlich disjunkten (orthogonalen) Mythenbeschreibungen.

Das hilft durchaus in bestimmten Situationen. Will man etwa einem Kollegen einen Rat für ein Bewerbungsgespräch geben, wird man sich auf wenige orthogonale Mythen beschränken: „Sag dem Chef, dass du fachlich gut bist und dein Team gut führen kannst." Ob man charakterlich immer über jeden Zweifel erhaben, ob man witzig, musikalisch oder ein Organisationstalent ist, lässt man hierbei unberücksichtigt.

Diese Vorgehensweise ist der Physik abgeschaut: Dort wählt man je nachdem, was zu berechnen ist, ein besonderes Koordinatensystem mit voneinander unabhängigen Koordinaten. Falls bestimmte Aspekte (etwa die Roation eines Körpers um einen Punkt) in einem anderen Koordinatensystem einfach und übersichtlicher dargestellt werden können, transformiert der Physiker sein zuerst gewähltes Koordinatensystem in ein anderes.

Ein besonders anschauliches Beispiel für eine dichte und kondensierte Vorstellung von Mythen finden wir in dem Buch „Kleine Philosophie des Erfolgs" von Georg Schäfer: Für orthogonale Mythen liefert ein persischer Teppichhändler seinen Kunden in volkstümlicher Weise folgenden Rat :

> *„Die größte Sünde ist die Angst.*
> *Das größte Vergnügen ist die Arbeit.*
> *Das größte Unglück ist die Hoffnungslosigkeit.*
> *Der größte Mut ist die Geduld.*
> *Der größte Meister ist die Erfahrung.*
> *...."[54]*

Mit diesen wenigen orthogonalen Mythen als Kern lässt sich durch Hyper-Mythen eine Menge, also ein vollständiger Mythen-Raum, ableiten.

Wertung von Mythen durch mathematische Gewichtung:
Andere Wissenschaftsbereiche standen und stehen gleichermaßen immer wieder vor der Frage, wie man ursprünglich Unstrukturiertes gewichten und werten kann. Betrachtet man etwa das Ereignis, dass ein Komet auf Deutschland fällt, dann wird dies mit einem Wahrscheinlichkeitswert zwischen 0 und 1 ausgedrückt. Dieser Wert ist relativ bezogen auf die

---

[54] Georg Schäfer, Kleine Philosophie des Erfolgs, Kreuz-Verlag, 2001

betrachtete Grundgesamtheit. Fragen wir nämlich nach der Wahrscheinlichkeit, dass ein Komet auf Europa fällt, dann ist die Wahrscheinlichkeit
signifikant höher.

Analoges gilt für die Betrachtung von Mythen: Wir können das o.g. breite
Spektrum der Mythen von „frisch duftende Rose" bis zum „radikalen Zerstörungskrieg" durch eine Gewichtung in den Griff bekommen. Dieses
Gewicht lässt sich normieren auf das abgeschlossene Intervall [0,1] und
ist abhängig von der Grundgesamtheit an Mythen, die man jeweils betrachtet. Die mathematische Maßtheorie liefert viele Instrumente, die hier
weiter helfen können.

Welches Gewicht Psychologen, Sozialwissenschaftler usw. beim Vorlie-
gen einer konkreten Grundgesamtheit an Mythen verwenden, ob sie ein
Kontinuum an Werten sehen oder nicht, ist im Einzelfall zu entscheiden.

Wofür der Mythenkern nutzbar ist

Die Methode, so wie im Vektorrechnen, einen unendlichen Raum durch möglichst wenige und möglichst normierte einzelne Elemente zu beschreiben, ist für die praktische Handhabung von Mythen von grundlegender Bedeutung. Dazu zuerst einmal folgende Definiton.

IV.1 Definiton

Seien M_1 und M_2 Mythen. M_1 und M_2 heißen disjunkt (oder orthogonal, unabhängig), wenn es keinen Mythos Z gibt, so dass

$M_1 = Z \, \nabla \, M_2$ oder $M_2 = Z \, \nabla \, M_1$

oder $M_1 = M(Z, M_2)$ oder $M_2 = M(Z, M_1)$.

IV.2 Definition

Sei M eine Menge von Mythen. $K \subset M$ heißt Kern von M, wenn alle Mythen aus K durch Hyper- oder Meta-Funktionen erzeugt werden können.

Hinweis: Die Mythen aus K sind dann orthogonal.

Das hört sich schwieriger an als es ist. Da die Menge der Mythen endlich ist, weil die Menge der Menschen, deren jeweilige Lebenszeit und somit deren Eindrücke ebenfalls endlich ist, handelt es sich um nicht allzu viel Erzeugungsprozesse, die aus einem Kern einen Mythenraum bilden.

Diese Überlegungen zeigen wohin der Weg geht : Man muss in konkreten Situationen denken und etwa für Bewerbungsgespräche, Werbemaßnahmen, Vertragsverhandlungen, Einkaufsverhandlungen, Versöhnungsgespräche, Motivationsgespräche, Liebesbriefe, Ich-meld-mich-mal-SMS usw. den richtigen „Satz an Mythen" finden und kommunizieren. Diese Mythen müssen dann entsprechend oft angewandt werden, um sich zu verfestigen. Das wird im folgenden Kapitel näher untersucht.

IV. 3 Zweiter Hauptsatz
Bei der Analyse eines Mythenraums reicht es, den Kern der orthogonalen Mythen zu untersuchen.

Bei der Analyse von Lebenslagen geht man analog vor: Die Menge der Mythen, insbesondere der Kern dieser Menge, wird gesucht. Man erkennt daraus eventuelle Manipulationsversuche, emotionale Situationen und Konfliktstrukturen.

Ein sehr schönes Beispiel bieten Wahlkämpfe. Um die eigene Klientel zu motivieren, damit sie auch zur Wahl geht, erfinden Politiker einfache, unter die Haut gehende Denkmuster[55]. So verwendet die eine Partei den Slogan[56] „Wer voll arbeitet, muss davon auch leben können." und eine andere Partei den – dazu im Übrigen orthogonalen Slogan – „Kriminalität von Jugendlichen muss entschiedener bekämpft werden."[57]. Diese Slogans werden in immer anderen Zusammenhängen wiederholt. Die jeweilige Klientel nimmt sie auf wie Kinder Märchen aufnehmen, die sich Kinder auch immer wieder, am liebsten in möglichst gleicher Weise, erzählen lassen.

Literatur ist kaum anders: So beginnt „Mrs. Warren's Profession"[58]:

THE GENTLEMAN [taking off his hat] I beg your pardon. Can you direct me to Hindhead View--Mrs Alison's?

THE YOUNG LADY [glancing up from her book] This is Mrs Alison's. [She resumes her work].

---

[55] Wir verwenden den Begriff „Mythen" hier nicht, obwohl er korrekt wäre, weil sonst der falsche Eindruck erweckt würde, die von den Politikern angesprochen Sachverhalte seien fiktiv.

[56] Solche Slogans sind dann besonders wirksam, wenn sie wie eine Kurzgeschichte wirken. Wenn die Medien dann zu den einzelnen Slogan noch Beispiele veröffentlichen, wird das Denkmuster durch eine große Zahl von Instantiierungen konkret und schiebt sich in der Wahrnehmung in den Vordergrund. So kann virtuelle Realität entstehen. Ein Politiker hat dann einen schweren Stand, wenn die Instantiierungen seines verkündeten Mythos oft falsch sind.

[57] Weil beide Slogans orthogonal sind, lässt sich damit im Medienzeitalter trefflich streiten. Statements von Politikern dürfen nur wenige Sekunden lang sein. Hinzu kommt, dass man mit orthogonalen Slogans nicht verlieren kann, denn die eine Partei widerspricht mit ihren Äußerungen ja nicht der anderen sondern beackert ein ganz anderes Feld.

[58] George Bernard Shaw, Mrs. Warren's Profession, als e-Book unter www.gutenberg.org gespeichert.

THE GENTLEMAN. Indeed! Perhaps--may I ask are you Miss Vivie Warren?

THE YOUNG LADY [sharply, as she turns on her elbow to get a good look at him] Yes.

THE GENTLEMAN [daunted and conciliatory] I'm afraid I appear intrusive. My name is Praed.
[Vivie at once throws her books upon the chair, and gets out of the hammock].
Oh, pray don't let me disturb you.

VIVIE [striding to the gate and opening it for him]
Come in, Mr Praed.

[He comes in].
Glad to see you. [She proffers her hand and takes his with a resolute and hearty grip. She is an attractive specimen of the sensible, able, highly-educated young middle-class Englishwoman. Age 22. Prompt, strong, confident, self-possessed. Plain business-like dress, but not dowdy. She wears a chatelaine at her belt, with a fountain pen and a paper knife among its pendants].

PRAED. Very kind of you indeed, Miss Warren. [She shuts the gate with a vigorous slam. He passes in to the middle of the garden, exercising his fingers, which are slightly numbed by her greeting]. Has your mother arrived?

Hier würde man die Architektur der Mythen als Zeichen für Höflichkeit und höchste Distinguiertheit deuten wollen. Leser und Theaterbesucher finden es angenehm, dass die Konversation zu Beginn des Stücks in ausgesucht höflicher Weise und mit bekannten, wenn auch nicht immer so perfekt im Alltag benutzten, Ritualen voran kommt. Spannung entsteht, indem an einem Punkt, an dem die Höflichkeit durch eine weitere Steigerung schon nicht mehr fortgesetzt werden kann, mit der letzten Frage ein neuer orthogonaler Mythos („Mutter"; „Ankunft" → „überraschende Ankunft der Mutter") eingeführt wird. Dieses Rezept muss sich merken, wer eigene Mythen bauen will: Die Folge der Instantiierungen eines Mythos muss dann beendet werden, wenn durch die Permanenz dieser Folge ein neues – störendes - Denkmuster entstehen könnte, etwa das der Langeweile, der Überzeichnung usw.

Wie Mythen-Engineering aussieht

Wir allen bauen Mythen, genießen dies (im Freudneskreis zur Unterhaltung, allein und sei es dabei nur aus Kummer, Melancholie oder Eifersucht). Aber: Wir können uns dabei noch verbessern. Es gibt keinen zwingenden Grund, wieso man mit Mythen anders umgehen müsste als mit Wahrscheinlichkeiten, optischen Strahlen und Energiequanten, von denen man entweder weiß, wo sie gerade sind, oder wie groß ihre Energie ist (Heisenbergsche Unschärferelation).

Um dies noch einmal einsichtig zu machen, betrachten wir die Entwicklung der Ingenieurskunst. Zu Zeiten der Römer war derjenige, der Brücken bauen konnte, hoch angesehen. Der Papst wurde deshalb und natürlich auch im übertragenen Sinn als der „beste Brückenbauer" (Pontifex Maximus) bezeichnet[59]. Heute kann die Kunst des Brückenbaus, auch im übertragenen Sinn, jeder lernen. Brücken bauen ist nichts so besonderes mehr. Allerdings, so wenig wie man ohne Herzblut und innere Begeisterung schöne und stabile Brücken bauen kann, genauso wenig kann man

---

[59] Auf diese Weise ist übrigens wieder ein schöner Mythos entstanden. Er kann akademisch und volkstümlich gut kommuniziert werden und hat ein positives emotionales Grundmuster.

kühl und distanziert Mythen bauen und anwenden. Andererseits: Begeisterung allein bringt uns auch nicht voran, weder beim Brücken bauen noch beim Mythen basteln. Man muss schon wissen wie es geht.

Aus der Analyse eines Theaterstücks von George Bernard Shaw ergab sich eine Regel, die hier noch als Merksatz aufgenommen werden muss:

V.1 Merksatz
Die Folge der Instantiierungen eines Mythos muss dann beendet werden, wenn durch die Permanenz dieser Folge ein neues – störendes - Denkmuster entstehen könnte, etwa das der Langeweile, der Überzeichnung usw.

Wie muss eine solche Folge beendet werden? Hierzu gibt es mehrere Lösungen. George Bernard Shaw hat in seinem Theaterstück „Mrs. Warren's Profession" die Lösung gewählt, dass ein neuer Mythos assoziiert wird. Politik geht demgegenüber anders vor. Politik kann der Mythos nicht so einfach wechseln, sondern muss ein aufgegriffenes Thema „irgendwie" zu Ende führen.

Irgendwie? Wie sieht dieses „Irgendwie" aus? Man denke an die Debatte zur Einrichtung des Gesundheitsfonds, die politische Diskussion zur inneren Sicherheit oder zur Arbeitslosenversicherung „Hartz xyz".
Eine Reihe von Optionen für den Verlauf sind denkbar.

Ein Thema kann politisch einer Lösung zugeführt werden, indem man ein Gesetz macht, einen Kabinettsbeschluss herbei führt oder etwa eine Behörde aufbaut bzw. wesentlich ändert. Dann lässt sich der Mythos wandeln zu „Wir waren erfolgreich. (Regierung)" oder „Wir waren erfolglos und werden bei der nächsten Wahl diese Ungerechtigkeit ändern. (Opposition)" Wichtig ist zu sehen, dass beide neuen Mythen zu keinem Gesichtsverlust führen. Dies ist wichtig, denn Politik muss mit diesen Situationen ja umgehen können, ohne dass es zu Spaltungen in der Gesellschaft kommt, die den Frieden wirklich gefährden würden.

Ein Thema kann politisch auch eskalierend behandelt werden, dass man etwa bei a) der abstrakten Terrorgefahr beginnt, dann b) mit konkreten Terrorwarnungen weiter macht (wobei der Begriff „Terror" dabei auch verallgemeinert und etwa um das, was man vorher Schwerst- oder Serienkriminalität nannte, erweitert werden kann), c) mit der Fiktion vom Abschuss von Passagierflugzeugen die Spannung erhöht und schließlich d) „Lager für Kriminelle aller Art" für eine geeignete Lösung propagiert.[60]

Wie reagiert eine Opposition auf eine solche Eskalation von Mythen? Mehrere Möglichkeiten stehen zur Wahl. Erstens kann die Opposition den obigen Merksatz anwenden, indem sie sagt, der jeweilige Politiker oder die jeweilige Partei würde „hetzen". Das ist der Versuch bei dem Wähler, der die Eskalation nicht überzeugend findet, einen Meta-Blick auf die Mythen-Folge zu erzeugen. Dieser Wähler wäre dann „umgedreht". Zweitens kann der, der anderer Meinung ist, eine Lächerlichkeit

---

[60] Vgl. auch Andrian Kreye, Kultur der Angst – Wie man sich in der Politik um echte Probleme drückt, Süddeutsche Zeitung vom 10. Januar 2008, Seite 11

herbeiführen, wie es etwa Satiriker gerne machen. Auch dies schafft Distanz zu den Denkmustern der Eskalation und relativiert sie. Natürlich kann auch ein ganz anderer, orthogonaler, Mythos aktiviert werden: „Dem geht's ja nur um die Wahlen" kann man im Sinne einer Killerphrase sagen.

V.2 Merksatz
Geschichten zu erzählen ist häufig eine gute Möglichkeit, einen Mythos zu aktivieren.

Beginnen wir mit einem Beispiel: Die Europäische Union kennt eine Berufsanerkennungsrichtlinie. Sie regelt, unter welchen Voraussetzungen die Berufsausbildung in einem Mitgliedstaat von einem anderen akzeptiert werden muss. Was für ein fader Einstieg in das Thema! Wäre es nicht besser, so anzufangen: 2003 hat eine Krankenschwester aus Leipzig beschlossen, sich in Lissabon auf eine freie Stelle zu bewerben. Das Krankenhaus hat sie eingestellt. Doch auch heute, 2008, darf sie noch nicht arbeiten. Sie ist inzwischen verarmt, lebt von Sozialhilfe und die Regierungen von Portugal, Deutschland und die Europäische Kommission beschäftigen sich auf höchster Ebene mit ihrem leidvollen Schicksal.

Davon ausgehend lassen sich die abstrakte Richtlinie, ihr Regelungsgehalt, ihre Umsetzung usw. viel leichter vermitteln. Und es bleiben mehr Zuhörer wach als beim ersten einstieg ins Thema.

Geschichten kann man nicht nur mit Worten erzählen, sondern auch mit Körpersprache! Satiriker wie Bruno Jonas und viele andere zeigen dies sehr anschaulich. Ein Redner, der selbstbewusst auf die Bühne tritt, dort mit Gesten, Verrichtungen oder absichtlichen Fehltritten eine Geschichte inszeniert, fesselt alle Zuhörer. Ein anderes Beispiel für einen Mythos, der über Körpersprache transportiert wird, ist: „Hillary Clinton verdankt ihren überraschenden Etappensieg in New Hampshire einigen wenigen Sekunden im Café Espresso in Portsmouth. Da ließ sie für ein paar Sekunden Tränen in ihren Augen aufsteigen."[61]

Thomas Müller beschreibt von mehreren Kriminellen, wie sie ein Verhalten zelebrieren, das auch erfahrene Kriminalisten erheblich verunsichert. So interviewt er einen mehrfachen Mörder, der ihm zum Interview Tee mitbringt. Nach über einer Stunde merke er, Thomas Müller, dass er bereits von der dritten Tasse Tee trinkt, der Mörder seinen Tee noch gar nicht angerührt hat. Der Interviewer ist irritiert und befürchtet, in seinem Tee sei ein Gift.[62]

Fazit: Handlungen wirken wie Geschichten, wecken Mythen und damit ein Bewusstsein und tragen so zur Persönlichkeit bei.

---

[61] Andrian Kreye, Kultur der Angst – Wie man sich in der Politik um echte Probleme drückt, Süddeutsche Zeitung vom 10. Januar 2008, Seite 11
[62] Thomas Mülller, Bestie Mensch, ecowin Verlag Salzburg, 2004, Seite 17f; Der Autor stellt im Epilog auf Seite 192 fest, dass diese von ihm im Buch namentlich genannte Person nie die Absicht hatte, ihn zu beunruhigen, zu verletzen oder gar zu töten. Auch dies ist ein gutes Beispiel, wie der Mythos „ein Mörder vergiftet" im Kopf des Interviewers wirkt und ein Bewusstsein hervorruft.

Analoges stellt die Theorie der Spiegelneuronen etwa an folgendem Beispiel fest: Wenn wir lächelnd auf eine Person oder eine Gruppe zugehen, heitert sich das Stimmungsbild dieser Person bzw. Personen auf. Viele lächeln zurück. Wir wirken als Spiegel in diese Gruppe hinein.

V.3 Merksatz
Gemeinsame Aktionen (Spiele, Klassenausflüge, Teamarbeit, Restaurantbesuche, Survival trainings usw.) realisieren den Mythos der Zusammengehörigkeit.

Dieser Merksatz benötigt in unserer Kultur wohl keine Begründung. Wer Details dazu lernen will, sollte die aktuellen Theorien von Psychologie und Medizin, etwa der Spiegelneurone, studieren. Und schließlich gilt: Selbst ausprobieren war noch immer die beste Idee.

V.4 Merksatz
Wer Mythen anwenden will, darf nicht unabsichtlich formale oder inhaltliche Fehler machen, insbesondere nicht gegen Konventionen verstoßen.

Dieser Merksatz entspricht bei unserer „Mythologie" der Empfehlung, die Physikstudenten von ihren Experimentalphysikern erhalten: Achte darauf, dass in einem Versuch keine störenden Einflüsse anderer physikalischer Phänomene auftreten.

Der Rat ist nicht trivial. Dies gilt nicht deshalb, weil er nicht einsichtig wäre, sondern weil er in der Praxis sehr schwer umzusetzen ist. Wegen dieser Bedeutung wurde er hier als spezieller Merksatz aufgenommen.

Außerdem: Auf diesen Merksatz weisen vor allem angelsächsische Ratgeber hin, denn dort werden Formalitäten mehr als in Deutschland bewertet. Wer etwa einen Toast aussprechen will, jemanden neu in eine angesehene Institution oder eine Gruppe aufnehmen will, wer eine Hochzeitsrede halten oder in einer Diskussion eine vorgetragene Position lächerlich machen will, muss genau wissen, was die jeweilige Etikette verlangt. Verstößt er unabsichtlich gegen soziale Regeln, hat er sein Ziel nicht erreicht und sein Ansehen auf Dauer geschädigt.[63] Streueffekte anderer Mythen, die der Redner zudem nicht einmal richtig kennt und somit nicht beherrschen kann, verderben die Präsentation. Das sei auch den Mitmenschen in ihrem Reisegepäck mitgegeben, die im Ausland den Charme ihrer Heimat (sei es Hemdsärmligkeit oder Jovialität) partout anbringen wollen. Hierzu ein sprachliches Missgeschick bei einem interkulturellen Verhalten: jemand tritt als englisch sprechender Fremdsprachler auf, um abends eine Versammlung mit dem lockeren Spruch zu beenden: „Lets stop now. Thats how you Englishmen are: Early to bed and

---

[63] Foyster & Carr's, Take the Chair, Australia Rostrum Council, 1990
Laurie Burgess, Excellence for Communicators – The Spoken Word, Boolarong Publications, 1987
Laurie Burgess, Something to say, McGraw Hill, Sydney, 1972

up with the cocks." Auf deutsch wollt er als Kompliment sagen: Ihr geht früh ins Bett und steht mit den Hähnen morgens früh auf. Gesagt hat er aber: „Auf ins Bett und hoch mit den Schwänzen!".

Daraus ergibt sich zwangsläufig der folgende Merksatz, der unsere beschränkten Fähigkeiten und die Schwierigkeiten einer „Versuchsanordnung" zusammenfasst. Zudem nimmt der folgende Merksatz Bezug auf die sehr beschränkte Aufnahmefähigkeiten eines Publikums. Man muss sich dazu immer vor Augen halten, dass unsere Performance und Inszenierung von Mythen nur ein kleiner Teil dessen ist, was die Zuhörer aufnehmen: Vor einem Zuhörer mag eine Frau oder ein Mann sitzen, die dem Zuhörer extrem unsympathisch ist. Deshalb mag er etwa gar nicht nach vorne schauen, sondern lieber zur Seite. Oder eine Zuhörerin denkt daran, dass sie heute morgen Schuhe angezogen hat, die doch nicht recht zum Kleid passen. Statistiken sagen zudem, dass Zuhörer in mehr als 50% der Vorträge an Sex denken.

Und da kommen Sie mit ihrer Inszenierung! Dazu noch in einer Mediengesellschaft mit perfekt präsentierten Clips und Events. **Nun: Da muss der Redner schon einiges bieten, damit sich im Zuhörer etwas zu seinen Gunsten bewegt!**

V.5 Merksatz
Verwende in einer Alltags-Performance grundsätzlich nicht mehr als drei orthogonale Mythen und ihre Instantiierungen.

Überschaubarkeit ist also ein Muss. Empfänger unserer Botschaften, die überfordert werden, haben wir auf Dauer verloren. Heutzutage will niemand mehr gelangweilt werden. Deshalb müssen alle Mythen, medialen und rhetorischen Effekte sauber und präzise eingesetzt werden:

- Die Botschaft jeder Präsentation muss gut formuliert und klar sein.

- Die Eröffnung der Performance muss gelingen.

- Präsentation (Bilder, Ton, Dauer der Performance, Rahmen der Inszenierung, usw.) muss klar durchdacht und ggf. durch die Einladung, durch Plakate im Raum, durch die Lichttechnik vorbereitet werden.

- Wiederholungen der Botschaft müssen zur besseren Merkbarkeit vorkommen, dürfen aber nicht langweilen.

- Witz und Humor, positive Grundhaltungen und eine Bereitschaft der Zuhörer, die Botschaft zu empfangen, müssen gesichert werden. Ein kleiner Empfang, eine persönliche Begrüßung, für jeden ein nettes Wort sind einige Möglichkeiten, dies zu tun.

Man sieht, der hier dargestellte Rahmen muss ausgefüllt werden. Das ist wie bei der Kernphysik: Nicht jeder, der Einstein gelesen hat, kann ein Kernkraftwerk bauen. Es bedarf vielmehr der Ingenieurskunst, um einen guten Wirkungsgrad zu erreichen.

Deshalb gilt der folgende Merksatz:

V.6 Merksatz

Wer Mythen professionell einsetzen will, muss systematisch Mythen und ihre Instantiierungen (in Regeln, Beispielen, Ritualen usw.) sammeln.

Beispiele werden in einem zweiten Band später zusammengefasst, um dem Leser etwas Hilfe zu bieten. Dies allein reicht jedoch nicht. Der Koch muss auch selbst kreativ tätig werden, für seine Gäste und zeitgemäß, den Umständen gemäß das richtige Menü zu zaubern.

Was Schülern bei der Projektpräsentation hilft

Kinder und Jugendliche durchleben ein Feuerwerk und zugleich ein Fegefeuer an Mythen, teils in rasendem Tempo. Sie sind in der Orientierungsphase, den Wert der Mythen „Disziplin" und „Ritual" kennen sie nur eingeschränkt.

Kein Wunder also, dass sie bei der Präsentation ihrer Projektarbeit mit einem großen Mythen-Kern $K = \{K_1, K_2, K_3, \ldots K_n\}$ zu tun haben. Wie könnte K aussehen, wenn etwa Karl seine Erkenntnisse zu den Fibonacci – Zahlen[64] vortragen muss?

K_1 könnte sein, dass Karl endlich seiner Angebeteten Nina zeigen will, wie er mit solch stressigen Situationen umgehen kann. Also: K_1 „eine schwierige Situation souverän beherrschen", ggf. auch in Richtung „Balzen".

K_2 könnte sein, dass er dem von ihm insgeheim geschätzten Mathematik-Lehrer zeigen will, dass er sich schon bemüht hat, die Sache zu verstehen, auch wenn ihm das letztlich nicht gelungen ist. So Fibonacci-Zahlen

---

[64] Fibonacci-Zahlen sind eine Zahlenreihe, die sich häufig in der Natur widerfindet. So beschreiben die Fibonacci-Zahlen die Anzahl der Nachkommen eines Hasenpaars, wenn deren Nachkommen jeweils in festen Zeitabständen wieder Nachkommen zeugen. Sie beschreiben aber auch die Schneckenlinien, die sich bei Sonnenblumen-Ständen ergeben.

weisen in ihrer Gesetzmäßigkeit auf tief liegende Geheimnisse der Zahlentheorie hin, die bislang niemand ergründen sondern die alle bislang bloß beschreiben konnten. Dieser Unterschied ist Karl natürlich nur näherungsweise bewusst. Hinzu kommt, dass er gar nicht so richtig verstanden hat, wo denn die Grenzen dessen liegen, was er hier tun soll. Wie tief soll er eindringen? Aber, wie gesagt, bemüht hat er sich, so wie sich ein guter Sohn halt bemüht, den im Grund nicht ganz nachvollziehbaren Ansprüchen des Vaters nachzukommen. Also: K_2 = „guter und bemühter Sohn sein".

K_3 wird durch die Buben-Clique bestimmt, in der Karl innerhalb der Klasse Mitglied ist. Er ist nicht der Vorderste, das ist Jochen. Jochen hält den Mathe-Lehrer für einen Softie, dem man es mal richtig zeigen sollte. Er selbst verhält sich auch so, indem er öfter Tabus bricht, etwa indem er auf eine sachliche Frage eine unzusammenhängende Antwort gibt. Karl will und muss in dieser Clique seine Position halten. Diese besteht darin, dass er, wenn man in ihn dringt, nicht mehr reagiert. Ganz „der Indianer", der Erfolge und Niederlagen mit demselben unbewegten Gesicht zur Kenntnis nimmt. Daraus ergibt sich für K_3 = „Image in der Clique bewahren".

K_4 = „meine Arbeit ist gut, zumindest nicht wertlos" wird natürlich auch eine Rolle spielen. Ebenso wie K_5 = „jeder hat Anrecht auf eine faire Behandlung" und K_6 = „der Lehrer hat die Aufgabe, alles zu richten".

Damit haben wir einen Kern K = {K_1, K_2, K_3, K_4, K_5, K_6} von orthogonalen Mythen. Jedem lebenserfahrenen Leser wird jetzt auch ohne formale

Betrachtung klar, wie sich die Sache weiter entwickelt. Doch versuchen wir mal die formale Betrachtung fortzuführen:

Mit K_1, K_2, K_3, K_4, K_5, K_6 ist auch der Hypermythos $M_1 = K_1 \nabla K_2 \nabla K_3 \nabla K_4 \nabla K_5 \nabla K_6$ im Mythenraum (und damit auch im Klassenzimmer) enthalten. M_1 kann dann nur noch heißen „cool sein". Außerdem ist der Meta-Mythos $M_2 = M(K_1, K_2, K_3, K_4, K_5, K_6)$ sofort gebildet. Und dieser Meta-Mythos M_2 heißt „du hast keine Chance, nutze sie dennoch".

Amüsieren kann man sich, wenn selbst ältere Lehrer diese relativ einfache Situation nicht durchschauen. Sie sind dann frustriert. Und wenn man sich den Mythen-Kern des Lehrers anschaut, dem vor allem die Distanz zum eigenen Ich fehlt, dann kann es sich nur noch um eine äußerst unbefriedigende Veranstaltung in der Schule handeln.

Die Instantiierungen dieses Mythen-Sumpfs ergäben eine Geschichte für sich. Sie soll hier nicht weiter verfolgt werden. Viel interessanter ist, wie solche Situationen zu einer Win-Win-Situation[65] entwickelt werden können.

In erster Linie ist wichtig, dass ein möglichst gutes Bewusstsein der Lage entsteht. Geschickte Eltern schaffen dies, indem sie mit ihrem Kind

---

[65] Win-Win-Situationen werden in der Theorie der Verhandlungsführung erörtert. Dabei geht man davon aus, dass wenn zwei (oder mehrere), die mit einander verhandeln, jeder Verhandlungspartner seinen persönlichen Erfolg benötigt, um die Verhandlungen zu einem für ihn guten Ende führen zu können. Weiß man dies, dann kann alle Konflikte so verhandeln, dass jeder gewinnt (engl.: to win). Eine Win-win-Situation ist also eine Verhandlungssituation, in der jeder Verhandlungspartner den Gewinn erhält, den er „zuhause" stolz präsentieren kann.

rechtzeitig vor der Präsentation die einzelnen Mythen K_1, K_2, K_3, K_4, K_5, K_6 besprechen. Diese einzelnen Mythen sind ja jeweils für sich genommen gar nicht negativ. Von den früheren Erörterungen her erinnern wir uns, dass Mythen keinen Wahrheitswert haben. Außerdem sind sie über Kritik erhaben. Wenn Eltern also sagen „Jetzt vergiss bloß mal diese Nina, da kommt eh nichts Gutes raus!", dann ist das nicht hilfreich. Im Gegenteil: Einen Karl sehr motivierenden Mythos hätten sie damit ausgeschaltet.

Schädlich sind eigentlich nur die Hyper- und Meta-Mythen. Diese entstehen natürlich immer; Wir haben aus guten Gründen keinen Zeit-Mechanismus eingebaut, der vorsähe, dass Meta- und Hyper-Bildung nur in bestimmten Situationen und zu bestimmten Zeiten entstehen. Die Meta- und Hyper-Mythen sind also immer da. Was möglich ist und was deshalb das Ziel sein muss, ist eine Instantiierung dieser schädlichen Mythen während des Vortrags zu verhindern. Wäre selbst das nicht möglich, weil der aktuelle Hormonspiegel unseres Karl ihn in eine melancholische Phase versetzt, dann muss das Gewicht dieser Hyper- und Meta-Mythen reduziert werden. Das ist Machbar: Die Kern-Mythen sind, würgt man sie nicht ab, grundsätzlich potentiell stärker. Fazit: Liebe Eltern, zieht in der Situation von Karl die „Nina-Karte". George Bernard Shaw würde sagen, dass die „Life Force[66]" immer gewinnt.

---

[66] George Bernard Shaw, Man and Superman, Penguin Books, 1969

Wie Mythen - Engineering im Vertrieb hilft

Bei diesem Szenario wird das Vorgehen noch etwas formaler dargestellt, als vorhin bei Karls Projektpräsentation zu den Fibonacci-Zahlen in seinem Klassenzimmer. Das ist möglich und sinnvoll, weil bei Vertriebspräsentationen eine Art klinischer Reinraum geschaffen werden kann, den ein Vertriebsmitarbeiter im Grunde in jeder Beziehung gestalten kann.

Szenario:

Präsentationsraum in der Hauptverwaltung einer Maschinenbaufirma: Der Raum ist abgedunkelt. Die Teilnehmer betreten den Raum über einen Vorraum. Dort stehen Getränke und kleine Snacks bereit. Die Präsentation ist, um eine stressfreie Anreise auch bei etwaigen Staus sicherzustellen, auf 10 Uhr morgens festgelegt. Sie endet um 15 Uhr. Von 12 Uhr bis 13 Uhr ist ein Mittagessen vorgesehen.

Mythenkern des Vertriebsmitarbeiters:

Wie bereits erörtert sollten für den Vertriebsmitarbeiter grundsätzlich nur 3 Mythen eine Rolle spielen. Der Mythenkern $K = \{K_1, K_2, K_3\}$ ist für ihn also festgelegt.

Mythenarchitektur des Vertriebsmitarbeiters:

Mit $K = \{K_1, K_2, K_3\}$ ist der grobe Rahmen für die Vertriebspräsentation gespannt. Doch wie soll der Vertriebsmitarbeiter die paar Mythen jetzt definieren? Die Wahl ist nicht groß und deshalb erstaunt, wie oft etwas falsch gemacht wird.

An dieser Stelle muss gesagt werden: Der Vertriebsmitarbeiter ist nicht der Einzige, der seinen Mythenraum mit sich herumschleppt. Wahrscheinlich ist sein Chef noch dabei, ein netter (vielleicht sogar hübscher Kollege) und natürlich die Besucherund Besucherinnen, die die wichtigste Rolle spielen. Im gesamten Präsentationsraum ist also trotz der klinischen Reinstbedingungen eine Menge los. Man kann sich das vorstellen wie in einem Reagenzglas, in das einige Chemiker etwas absichtlich und andere etwas unabsichtlich hinein gegossen haben.

Aber: Der Vertriebsmitarbeiter muss Erfolg haben und seine Aufträge herein holen. Seine Mythen $K = \{K_1, K_2, K_3\}$ müssen deshalb fast zwangsläufig so aussehen:

K_1 = „Der Vertriebsmitarbeiter ist fachlich gut, integer und kundenorientiert."

Dieser Mythos ist zwingend notwendig, weil der Interessent sonst kein Vertrauen gewinnt. Alle Vertragverhandlungen, die sich an eine gute Präsentation anschließen, sind jedoch in besonderer Weise einem Vertrauensverhältnis unterworfen. Vertriebschefs, die ihre Mitarbeiter vor dem Interessenten herabsetzen, verhalten sich somit dumm und kurzsichtig.

K_2 = „Das angebotene Produkt ist funktional und qualitativ gut und wird gut unterstützt."

Nun, das ist das Mindeste, was die Besucher verstehen sollten.

K$_3$ = „Das angebotene Produkt ist genau das, was die Besucher dringend benötigen."

Das ist erfahrungsgemäß das Schwierigste für den Vertriebsmitarbeiter: Der Bedarf, den er vorträgt, muss mit dem gefühlten Bedarf der Besucher übereinstimmen. Um das abzuklären, muss er sehr viel Vorarbeit leisten. Hier muss er darauf achten, dass keine intriganten Mitarbeiter des (hoffentlich) neuen Kunden ihn hereinlegen. Ein guter Rhetorik-Kurs, eine saubere Bedarfsanalyse usw. sind unbedingt notwendig.

Wie bei der Präsentation Klassenzimmer ist ganz wichtig sicherzustellen, dass keine schädlichen Hyper- und Meta-Mythen entstehen. Gut wäre, wenn positive Hyper- und Meta-Bildungen entstünden, wie etwa „Der Vertriebsmann weiß, was wir brauchen", „Der Hersteller löst endlich unser uneingestandenes und jetzt schon langwieriges Wartungsproblem" usw.

Jetzt kommt die zweite wichtige Phase: Die Instantiierungen der o.g. Mythen sind zu planen.

Die erste augenfällige Instantiierung von K$_1$ ist natürlich wichtig.

Bei der Termin- und Ortsabstimmung, Teilnehmerabstimmung und Themenwahl durch den Vertriebsmitarbeiter wird schon der erste allfällige Eindruck vermittelt. Es geht dann weiter mit der Abholung am Eingang, dem Small Talk bei dem Gang durch die Firma, die Orientierung auf dem Werksgelände („Wir fertigen dort die am höchsten integrierte Packmaschine der Welt. Dazu muss ich Ihnen eine Geschichte erzählen: Als wir vor einer Woche diese Maschine nach Shanghai geliefert haben ......")

und der Vorstellung der Führungsebene der eigenen Firma gegenüber den Besuchern. Wenn das gut, informativ und kurzweilig gemacht wird, ist dies bereits eine sehr wirkungsvolle Instantiierung der drei Mythen.

Schließlich kommt die Eröffnungspräsentation. Hier kann man viel falsch und viel richtig machen. Verblüffend ist etwa oft, dass Vertriebsmitarbeiter meinen, sie müssten Besuchern, die den Markt in- und auswendig kennen, sagen, was ihre Firma herstellt. Oder sie spielen einen oberflächlichen Videoclip ab, der nur mit der Marke spielt, aber keine Informationen liefert. Das alles sind Instantiierungen des Mythos „Schwätzer und Blender" , aber nicht der o.g. drei zentralen Mythen für diese Veranstaltung. Wenn es dann weiter geht, dass der Vertriebsmitarbeiter nur seinen Firmenwagen beschreibt, was sein Navigationsgerät leistet und welche Lokale er besucht, kann er – von Ausnahmen, bei denen der Interessent ähnlich strukturiert ist, abgesehen – nicht mehr viel mehr falsch machen.

Im Vorraum zum Besprechungsraum können ebenfalls dezent Poster oder Modelle aufgestellt werden. Auch ein Diagramm der wichtigsten Patente der Firma in den letzten 50 Jahren ist informativ. Hier lässt sich sehr lässig von Small Talk zu den drei Mythen und wieder zurück wechseln.

Die Folien des Vertriebsmitarbeiters dürfen und sollen die drei Mythen immer wieder an anderen konkreten und anschaulichen Beispielen auf die Realität abbilden. Es darf aber nicht immer dieselbe Leier sein. Es darf aber auch kein Feuerwerk an Perlen sein, bei denen auch ein Fachmann die Orientierung verlieren kann.

Ganz wichtig ist, den Mythos K_3 „gefühlter Bedarf" zu instantiieren. Hier kann man nicht blenden, hier kann man keine Show abziehen. Hier erhält nur der eine valide Information, der es schafft, ein offenes und vertrauensvolles Gespräch herbei zu führen. Der Vertriebsmitarbeiter muss also „das Eis brechen" und seine Besucher „zum Reden bringen". Das geht am Besten mit Fragen. Fragen sind nie eine Beleidigung. Bei Vertriebspräsentationen Anwesende sind stark genug, sich einer zu weit gehenden Frage zu widersetzen oder ihr geschickt auszuweichen. Durch solche Kraft-Spielchen kann sogar eine Vertrautheit entstehen, bei der man einander erst richtig schätzen lernt.

Vor dem Mittagessen kann (und soll) auch einmal ein Konflikt auftreten – beherrschbar natürlich. Nach dem Mittagessen werden die drei Mythen und deren wichtigste Instantiierungen nochmals wiederholt, eingeübt und in die tieferen Teile des Gehirns verlagert. Auch dies muss kurzweilig und in immer anderen Instantiierungen der drei Mythen erfolgen. Je nachdem, wie die Situation entstanden ist und welche Erfahrungen und soziale Kompetenzen der Vertriebsmitarbeiter besitzt, kann er hier das Programm auch spontan umwerfen: „Wissen Sie was, ich habe auf dem Übungsplatz nachgefragt, ob die Planierraupe, die Sie wollen, da ist. Wir können sie ausprobieren. Wir haben einen Fahrlehrer und Sie können sich mal selbst auf den Fahrersitz setzen. Die Präzision dieser Maschine muss man erlebt haben." So ein gemeinsames persönliche Erleben wäre natürlich durch nichts mehr zu steigern.

Das Ganze garantiert in einer offenen Mediengesellschaft mit starken Konkurrenten natürlich keinen Erfolg. Aber eine bessere Vorarbeit für einen Erfolg ist kaum denkbar.

Wie Verhandlungen designed werden

Verhandlungen muss man inszenieren. Das gilt für die sachlich-kühle Verhandlung im internen Kollegenkreis. Noch mehr gilt dies für Verhandlungen wie etwa Tarifverhandlungen: Das Klima um die Verhandlung herum muss inszeniert werden, die Erwartungshorizonte nach innen und außen müssen definiert und durch ständige Instantiierung von relevante Mythen verfestigt werden. Und selbstverständlich muss die Psychologie der Verhandlungsführung sorgfältig konzipiert und umgesetzt werden. Mythen spielen dabei ein ganz zentrale Rolle, angefangen von der jovial-kollegial, kumpelhaften oder demonstrativ sachlichen Begrüßung bis zur Stimmlage, eventuellen gezielten Wutausbrüchen, Enttäuschungen und Schwierigkeiten während den Verhandlungen.

Wer sich unsicher ist, soll nicht vergessen: Geschichten, Geschichten, Geschichten,... sind das Wichtigste. Fernsehnachrichten mit guten Beispielen und Interview-Statements mit griffigen Schicksalsszenarien sind in einer Mediengesellschaft unabdingbarer Erfolgsfaktor. Das muss strategisch und formal sauber konzipiert und implementiert werden.

Hier werden in der Praxis viele Fehler gemacht. Bei Tarifverhandlungen etwa sind die Gewerkschaften spürbar in der schwierigen Lage, eine moderne Verhandlungsstrategie und zugleich ein sozialhistorisches Vermächtnis vorzuführen; beides oftmals lustlos, offenbar mit Selbstzweifeln und somit mit wenig Erfolg und Überzeugung.

„You can negotiate anything"[67] ist ein Buchtitel, der zugleich Programm ist. In der Tat kann der erfolgreiche Verhandler durch fast nichts gebremst werden. Er weiß mit zwei Dingen umzugehen:

-   Projekte sind nie abgeschlossen. Die Sucht mancher, einen „endgültigen Abschluss" hin zu bekommen, ist irrational. Viel geschickter ist, ein Klima zu erzeugen, in dem auch künftige Streitpunkte vertrauensvoll und positiv vom Tisch gebracht werden.

-   Objektive Ziele und Lösungen gibt es bei Verhandlungen praktisch nie. Alles ist auslegbar (wenn auch in Grenzen), alles ist verhandelbar (bis auf Essentials), alles heilt die Zeit (auch die Ultimaten).

Unter anderem davon muss man bei dem Mythen-Engineering ausgehen.

---

[67] Herb Cohen, You can negotiate anything, Angus & Robertson Australia, 1990

Wie Meinungsforscher Mythen bilanzieren können

Bei Wahlkämpfen, der Untersuchung des Werts einer Marke oder der Reichweite einer Werbemaßnahme können Analysen über Mythen weiter helfen. Wichtig ist, dass – so wie bei einem physikalischen Versuch – die Umgebung, Ziele usw. für die Untersuchung klar definiert wird.

Nehmen wir einen Wahlkampf als Beispiel. Drei Parteien A, B, C stellen sich zur Wahl. Jeder der Parteien – nehmen wir beispielhaft eine konservativ, eine sozial und eine liberal eingestellte Partei – wird ihre Anliegen transportieren und zur Geltung bringen wollen. Zur klaren Definition der Untersuchung gehört, dass wir den Mythenkern (= Menge der orthogonalen Mythen) der drei Parteien genau anschauen. Danach werden diese Mythenkerne von unterschiedlichen Personen bzw. Personengruppen bewertet. Mehrere Methoden können dabei zur Anwendung kommen:

Partei-Experten können die Mythenkerne bewerten.

Durch empirische Erhebungen / Umfragen kann versucht werden, die Affinität der Bevölkerung zu den jeweiligen Mythen heraus zu finden. Damit kommt man auf die Durchschlagskraft des jeweiligen Mythenkerns.

Das hört sich vielleicht einfacher an, als es in der Realität ist. Bei Menschen, seien sie Experten oder Gruppen der Bevölkerung, ist damit zu rechnen, dass unausgesprochene Mythen (Anliegen, Wünsche, Sorgen, Hoffnungen, ...) bestehen. Diese kommen leicht in einer Erhebung unabsichtlich zu kurz. Außerdem ist möglich (und das kommt auch tatsächlich häufig vor), dass Mythen durch schlecht formulierte Fragen nicht assoziiert werden: Der Gefragte missversteht die Frage und antwortet inhaltlich auf eine andere Frage, als der Interviewer sie stellen wollte.

Solche Risiken bestehen - erfreulicherweise. Eine von A bis Z durchkalkulierte Wahl wird es nicht geben. Das auch deshalb, weil immer wieder Geschichten auftreten können. Aus den bisherigen Betrachtungen wissen wir dazu, dass Geschichten besonders mächtige Mythen sind. Wenn also ein Spitzenkandidat gedemütigt wird und das zu einer Solidarisierung führt, wenn ein bisheriger Partei-Grande plötzlich schlecht über eine Spitzenkandidatin spricht, wenn eine Partei verunglimpft und dadurch ins gesellschaftliche Aus kommt, kann das wertvolle Prozentpunkte kosten. Den Analytiker stört dies nicht, denn er muss die Wahl nicht gewinnen, sondern nur richtig vorhersagen. Da jede Vorhersage einen Zeitstempel hat, gilt nur die letzte Vorhersage kurz vor der Wahl.

Nun, wie geht das Verfahren? Die nachfolgende Tabelle zeigt das grundsätzliche Vorgehen zur Klärung der Frage, welche Mythen wie ankommen. Ergänzend dazu ist zu klären, welche Mythen den Wähler dazu bewegen, zur Wahl zu gehen. Wenn eine Partei gut ankommt, ihre Wähler bleiben aber am Wahlsonntag vor dem Fernseher, dann ist ihr nicht gedient.

Nicht wirklich relevant ist, ob die Parteien aneinander vorbei reden oder miteinander argumentieren. Das erklärt manchen Wahlkampf in Entwicklungsländer, wo sich zwei Lager unversöhnlich entgegen stehen. Jedes Lager verfügt über eine völlig andere Wahrnehmung als das andere. Jedem Lager ist deshalb auch unerfindlich, wieso es die Wahl verloren haben könnte. Solchen irrationalen Grabenkämpfen wird hier natürlich nicht das Wort geredet. Dennoch: Das Phänomen ist erklärbar: Mythen haben keinen Wahrheitswert und sind immun gegen Kritik.

Auf den folgenden Seiten ist dies in einer Tabelle beispielhaft und – was die praktische Realität anbelangt – natürlich vereinfacht dargestellt.

Partei	Mythen aus dem Mythenkern	Bewertung der Bedeutung durch Wahlexperten[68] [Wert von 0 bis 9]	Bewertung durch Umfrage zur Mythenaffinität [% der Bevölkerung, die den Mythos unterstützen]
Konservativ	Scharfe Gesetze	3	54%
	Leichtere Kündigungen	2	12%
	Sparen statt Sozialausgaben	8	85%
Summe „Konservativ"		*4,3*	*50,3*

---

[68] Die Bewertung erfolgt nach dem Verfahren der Wertanalyse.

Partei	Mythen aus dem Mythenkern	Bewertung der Bedeutung durch Wahlexperten[69] [Wert von 0 bis 9]	Bewertung durch Umfrage zur Mythenaffinität [% der Bevölkerung, die den Mythos unterstützen]
Sozial	Ausländerintegration	4	65%
	Mindestlohn	6	87%
	Keine Atomkraft	3	79%
Summe „Sozial"		*4,3*	*77*

[69] Die Bewertung erfolgt nach dem Verfahren der Wertanalyse.

Zu guter Letzt

Zu Schluss kommt ein wichtiger Rat, den – wie man in den Zeitungen täglich lesen kann – viele offenbar erst spät und hart lernen: **Glaubt selbst gebastelten Mythen nicht!** Niemand ist in Wirklichkeit ein „magic sales man", unfehlbarer Politiker oder Chef, unbezahlbarer Manager oder allheilender Arzt.

Das alles gibt es nicht. Es sind bloß Mythen!

Über den Autor

Georg Schäfer (58) arbeitete als Mathematiker und Informatiker in der Privatwirtschaft und öffentlichen Verwaltung. Er ist derzeit Ministerialrat in einem Ministerium.

Georg Schäfer hat drei Bücher und eine große Zahl von Aufsätzen veröffentlicht. Er nimmt einen Lehrauftrag von der Universität Mannheim wahr.

Stichwortregister

A

Amazonen 25

Amerikanische Mythen 45

Angst 15

Aufnahmefähigkeit 93

Auseinanderbrechen der Gesellschaft 77

Ausgeglichenheit 15

B

Balance 15

Balanced Lifestyle 7

Barthes, Roland 55

Bewusstsein 67, 71

Bewusstsein, Definition 73

Bolz, Norbert 70

Brecht, Bertold 49

Buddenbrooks 24

Buddha 35

Burn-Out 7

C

Caulwelaert, Didier van 46

Clinton, Hillary 39, 90

Cowboys 44

D

Dale Carnegie 13

disjunkt 79

disjunkte Mythen 82

Don Juan 49

Doyle, Conan 30

E

East – West von Salman Rushdie 43

Energy Pattern 54

Engel 19

Entscheidungssituation 74

Erleuchtung 16

Ewigkeit 57

Existenzbeweis des Mythos 56

F

Faust 22

Fehler 92

Folge von Instantiierungen 87

Frankreich 45

Friedensfürst 20

G

Galileo Galilei 49

Geschichten erzählen 89

Gier 15

Globalisierung 49

Goethe 22

Grande Nation 45

Gretchen 22

H

Hass 15

Hauptsatz der Mythologie 64

Hauptsatz, erster 65

Hauptsatz, zweiter 83

Heisenbergsche Unschärferelation 63

Herodot 24

historische Mythen 47

Hyper-Begriff 53

Hyperzeichen 53

I

Indianer 44

Inhalte 76

Instantiierung 61, 69, 87

Instantiierung von Mythen im Vertrieb
.... 102

Instantiierungen 57

interkulturelles Verhalten 93

J

Johann Faust 49

K

Kapuscinksi, Ryszard 25

Kern von Mythen 82

Konsens 47

Konventionen, Verstoß gegen 92

Koordinatensystem 79

Kriminalromane 30

Kritik und Mythen 68

Küng, Hans 47

Kuschel, Karl-Josef 24

L

Lächerlichkeit 89

Langeweile 87

Lao Tse 13

Logik 12, 52, 62

Lukas 18

M

Managergehälter 77

Mann, Thomas 24

Mathematik 41

Meinungsforscher 107

Mephisto 22

Merksatz 87

Meta-Begriff 53

Metrik 54

Mind Object 54

Mind Pattern 54

Minimalmodell 65

Montaigne, Michel de 76

Müller, Thomas 50

Musical Chicago 27

Mythen 9

Mythen und Kritik 68

Mythen-Architektur 20

Mythen-Atlas 77

Mythen-Engineering im Vertrieb 100

Mythos 9

Mythos Zusammengehörigkeit 91

O

Obama, Barack 37

Offenbarung 16

Opposition 88

orthogonale Mythen 82

Orthogonalität 79

P

Parteien, Wahlargumentation 107

Parteiprogramm der CDU 36

Parteiprogramm der SPD 34

Performance im Alltags 94

Persönlichkeit 75

Philosophie des Erfolgs 80

Politik 77

Politische Debatte 87

Projektpräsentation 96

Q

Quadratur des Kreises 41

R

Regeln, denen eine Person folgt 72

Resilience 7

Ritual 70, 71

Romney, Mitt 40

Ruby Slippers 43

Ruhe 15

Rushdie, Salman 43

S

Satire 89

Schäfer, Georg 80

Schule 96

Schwätzer und Blender 103

Sigmund Freud 18

Skythen 26

Spiegelneuronen 7, 51

Stowe, Harriet Beecher 44

T

Terrorismus 77

Thermodon 25

Totem und Tabu 72

Tränen 90

U

Überschaubarkeit 94

Un aller simple 46

Unabhängigkeit 79

V

Verhandlungen 106

Vertriebspräsentation 100

Verzweiflung 15

W

Wahl 107

Wahlen 89

Wahrheitsgehalt von Mythen 57

Wahrheitswert 12

Weihnachtsgeschichte 18

Weltethos 47

Weltformel der Physik 42

Weltmythos 47

Widerspruch 11, 62, 63

Wikipedia 43, 77

Wittgenstein, Ludwig 52, 56

Y

You can negotiate anything 106

Z

Zauber der Formulierungen 21

Zeitlosigkeit von Mythen 66